玩的就是智慧

主编 曹外香

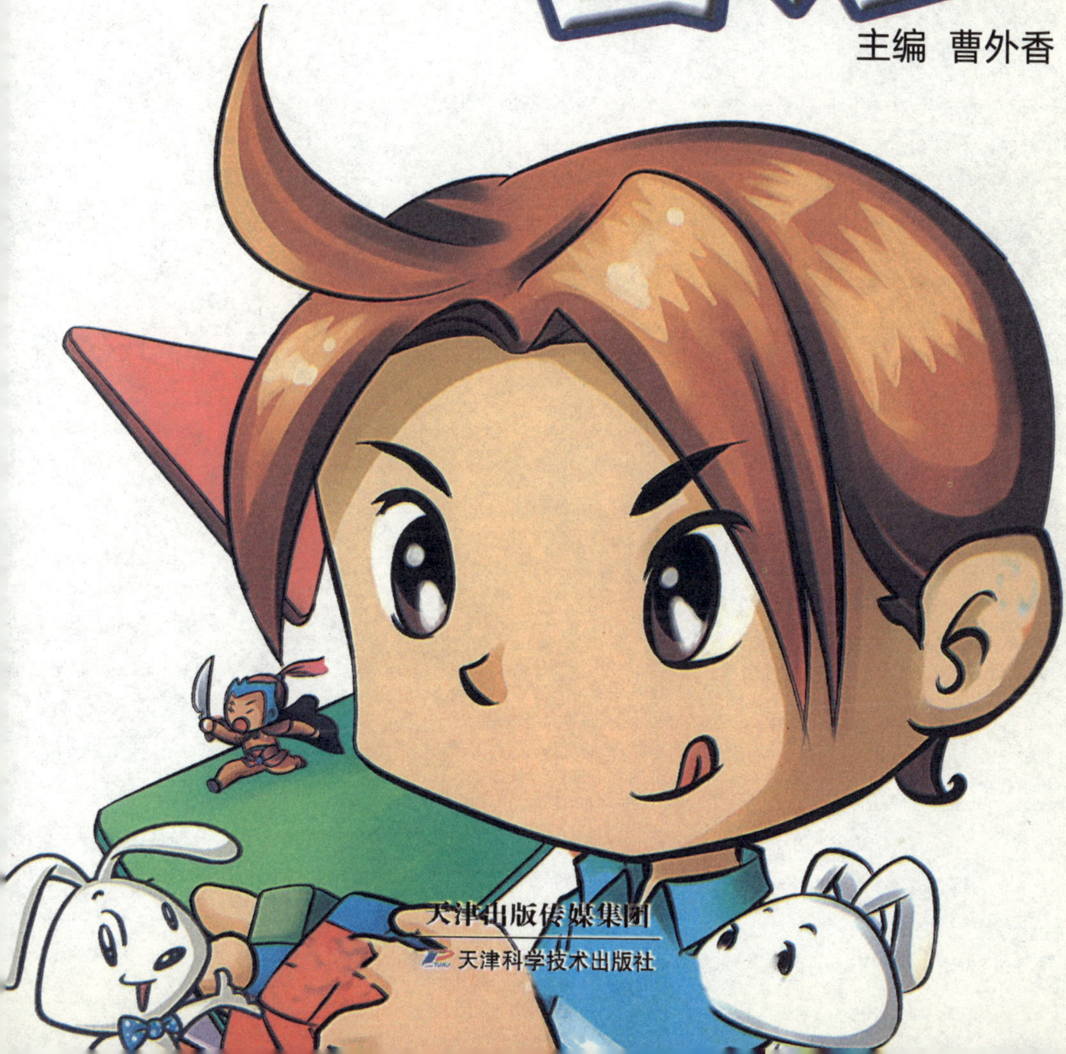

天津出版传媒集团

天津科学技术出版社

人的一生很漫长，但最关键的只有那么几步，中学阶段正是你成长的重要时期。作为一个中学生的你是什么样子的？你是不是喜欢嬉戏玩耍而害怕受拘束和禁锢？你是不是喜欢自己动手实验，而不喜欢埋首于枯燥的课本当中？你是不是喜欢天马行空的想象，而不喜欢大人给的条条框框？

是的，你一定是这样的学生。你一定像爱迪生一样爱思考；你一定像达尔文那样充满想象力；像司马光那样聪明机智；拥有毕加索那样的艺术天赋……其实，每一个学生都是天才，只是，在成长的过程中，这些才能没有被激发出来而已。

现在，你一定想知道怎样才能让自己的潜能充分地发挥出来，让我们告诉你，秘诀就是《玩的就是智慧》。这里既有动手玩的游戏，又有动脑玩的游戏。赶紧跟随我们的游戏来测试一下，你的智商究竟是多少吧。这些好玩的游戏将全面提升你的空间思维能力、逻辑推理能力、图像思考能力、动手能力，让思维随着手指飞转。当然，如果不会玩也没关系，每一种游戏和谜题都配有清晰的讲解和图示，让你一目了然。

目录

CHAPTER 2　动脑玩de游戏

CHAPTER 1

动手玩de游戏

　　华容道与九连环相信大家都玩过，你能用多少步解决这些游戏难题？谁是世界上手指最灵活的人？嗯，钢琴家是一个，不过千万别忽视了魔方的高级玩家哦。世界一流的魔方玩家可以在10余秒的时间内将任意打乱的魔方复原。七巧板相信大家就更熟悉了，不过你知道有一种可以用来测智力的四巧板吗？

　　翻看本章动手玩游戏吧，让思维随着手指飞转起来。

Monkey. D. Luffy

淘乐斯变身公仔

★★★ 华容道 ★★★

● 剧情与主要演员简介

◎ 男一号曹操 ◎

曹操，字孟德，小字阿瞒，一名吉利，汉族，沛国谯（今安徽亳州）人。曹操是个很犀利的人物，有关他的代表剧目有：《望梅止渴》《割发代首》等等，同时他的《短歌行》也流传甚广，是当时著名的艺术家。

◎ 男二号关羽 ◎

本字长生，后改字云长，河东解（今山西运城）人。关羽英俊潇洒、擅长舞剑，后人尊称其为关二哥，有关他的代表剧目有：《温酒斩华雄》《单刀赴会》《刮骨疗伤》等等，均为古装武侠动作大戏，本剧中出演男二号角色的确有些难为他了。

◎ 龙套演员 ◎

张飞、黄忠、赵云、马超以及众兵卒甲乙丙丁。张、黄、赵、马等人也算是当时的一线小生，但由于本剧演员阵容太过强大，只能沦为龙套，和甲乙丙丁同工同酬。

◎ 曹操和关羽间不得不说的故事 ◎

关羽在与刘备失散后，暂寄于曹操门下。曹操备赞关羽的勇武，对他重加赏赐，封他为汉寿亭侯，小宴三日，大宴五日；曹操赠袍，关羽穿于衣底，上用刘备所赐旧袍罩之，不敢以新忘旧；曹操赠赤兔马，关羽拜谢，以为乘此马，可一日而见刘备。关羽斩杀颜良后，曹操知其必去，遂重加赏赐。关羽把曹操屡次给他的赏赐都封存妥当，给曹操写了封告辞信，保护着刘备的家小，离开曹营，到袁绍军中寻找刘备。

可以说曹操对关羽晓之以理、动之以情，做到了仁至义尽，可是关羽还是死心塌地地追随刘备。当然，二哥心底里还是感谢阿瞒的知遇之恩的。

◎ 剧情 ◎

影视情节基本忠于罗贯中先生提供的剧本《诸葛亮智算华容，关云长义释曹操》：诸葛亮算定曹操必败走华容，且夜观天象，曹操不当身亡，一是考虑到曹操于关羽有恩，于是派关云长把守华容道，留个人情与关羽做，二是如果这时灭掉魏国，会使吴国全力攻击蜀国，使蜀国处于水深火热之中。曹军接连遭遇数次打击，曹操只得听谋臣之言，亲自哀求关羽放行，关羽念旧日恩情，义释曹操，使曹操得以回到江陵。

● 演员须知

华容道游戏属于滑块类游戏，其棋盘为4×5的长方形方格。在游戏设置中，曹操为2×2的大方块，关羽、赵云、黄忠、张飞、马超为1×2的长方形（根据关卡的设置这五个长方形或竖或横，关羽在游戏中均设为横块），其余的四个兵卒均为1×1的小方块。

棋盘正下方有一2个方格长度的开口，在布局完成后棋盘上会有2个小方格可供移动（不允许跨越棋子）。游戏规则就是使用最少的移动步数，让曹操从棋盘其他地方移至此处，最终从"华容道"中逃脱。

曹操逃出华容道的最大障碍是关羽，关羽立马华容道，一夫当关，万夫莫开。关羽与曹操当然是解开这一游戏的关键。四个刘备军兵是最灵活的，也最容易对付，如何发挥他们的作用也要考虑周全。

● 曹操出逃的N种情况

① 初窥门径——双将难挡

区区两个匹夫怎能挡老夫出逃？哈哈哈……

曹操仰天大笑

★注意：华容道的布局一般为曹操、五虎将和四个小兵，此布局采用了八兵三武将，目的就是通过降低游戏难度，让读者朋友们更快地了解华容道的规则和玩法。竖着的武将每次只有一个可以移动，移动方向也是唯一的，因此对1×2尺寸的竖块均用"飞"表示。一个子连续移动只算一步，比如兵右上是指一兵先右移后上移。解法中的每个逗号相当于一步，以下均同。

⬇ 通关秘籍 **13 步**

曹下，兵右，兵上右，飞上，兵左上，兵左，曹下，兵左，兵上左，黄上，兵右上，兵右，曹下。

② 小试身手——似远实近

前有赵黄，后有关张，眼看着出口遥遥，谁知你爹我身轻如燕，以迅雷不及掩耳之势成功突围，只留下一个动人的传说让后人景仰。

曹操归去后在曹丕、曹植面前吹嘘道。

⬇ 通关秘籍 **15 步**

曹下，关左，张上，兵上右，曹右，飞上，飞左，兵左下，曹下，兵左，兵上左，飞上，兵右上，兵右，曹下。

③ 登堂入室——横刀立马

呼……呼……累死老夫了，尔等布阵如此严密，分明要取老夫性命，幸好先前公关过关羽，终脱得一险。等老夫重整人马，必当卷土重来！

⊗ 通关秘籍 81 步

兵左一格，飞下，关右，兵下，飞右，兵上一，兵左，飞下，关左，兵上折右，兵上，飞右，兵右折下，关下，二兵左，二飞上，二兵右，关下，兵下折左，二飞左，飞下，曹右，飞右，二兵上，飞左，飞下，曹左，飞上，飞右，兵上，兵左折上，关右，二飞下，兵左，曹下，兵右，兵上折右，兵上，飞上，飞左，兵左折下，曹下，兵下折左，飞左，飞上，曹右，兵下一，上兵下一，兵右，二飞上，左，兵下，曹左，飞下，飞右，二兵右，飞右，飞上，曹右，二兵下，飞左，飞上，兵右折上，关上，二兵右，曹下，二兵左，关上，兵上折右，曹右！

④ 孤胆逃脱——一将拥曹营

四将将老夫团团围住，严密的如意大利混凝土般的后防线，怎奈我边路突破，连过数人，直捣黄龙，这一刻老夫不是曹操，老夫是梅西！

🔽 通关秘籍 **72步**

右飞上，二卒上，卒右，关右，卒下，飞下，曹左，飞上，中卒左上，卒上，关右，飞下，上卒左，飞下，飞左，二卒上，飞右，飞下，曹右，飞上，卒上二，飞左，卒下一，卒右，飞上，关左，二飞下，卒右，曹下，卒左，卒上左，卒上，飞上，飞右，卒右下，曹下，卒下右，飞右，飞上，曹左，卒下二，卒下一，卒左，二飞上，卒右，卒下，曹右，飞下，飞左，二卒左，飞左，飞上，曹右，二卒下，飞右，飞上，下卒左上，关上，二卒左，曹下，二卒右，关上，卒上左，曹左。

★ 培养"三思而后行"的好习惯

中国古代对于棋局有这样的论述："一招之失，全盘皆输。"玩华容道虽没有如此夸张，但是一步错误的移动会让你远远偏离正确的思路，大大增加通关的难度。所以，在移动时务必三思而后行，仔细观察棋面布局后再做下步打算。

⑤ 锋芒初现——指挥若定

三国征战连连，老夫已练就一身本领，在危急形势下，老夫先饮了一壶热酒，接着气定神闲地步出华容道。身后依稀可见的滚滚烟尘是追兵的无奈和对老夫的敬仰。

⊘ 通关秘籍 74 步

关下，右中卒下，右上卒左，张上，关右，左中卒下二，左上卒右，飞上，下卒左，中上卒下二，飞右，左下卒上二，下卒左上，关左，中卒下右，中上卒下二，飞左，飞下，曹右，飞右，左二卒上二，飞左，飞下，曹左，飞上，飞右，下卒上二，下卒左上，关右，飞下，飞下，中卒左二，曹下，上卒右二，左卒上右，中卒上二，飞上，飞左，中卒左下，曹下，右上卒下左，飞左，飞上，曹右，上卒下二，上卒下一，上卒右一，飞上，飞上，下卒左，下中卒下，曹左，飞下，飞右，上二卒右，飞右，飞上，曹左，上二卒下二，飞左，飞上，下卒右上，关上，下二卒右二，曹下，中二卒左二，关上，左下卒上右，曹右。

⑥ 高手风范——兵分三路

老夫面临三路夹击，但见兵拥将簇，看似水泄不通，不过此时的你定然对全局了然于胸，且助我杀开一条血路。

> ↓ **通关秘籍** `72 步`
>
> 二卒下，关下，曹下，右上卒左，左上卒右，飞上，飞上，飞上，飞上，左下卒左，右下卒右，关下，曹下，左上卒下右，飞右，飞上，曹左，飞左，飞下，下卒右上，飞上，飞上，下卒上左，飞下，飞右，下卒上二，曹右，飞下，飞左，上二卒左，上卒左，飞上，飞上，关右，下卒右，飞下，飞下，上二卒左，飞左，飞上，曹右，上卒下二，上卒下一，上卒右，飞上，飞上，下卒左，中卒下，曹左，飞下，飞右，上二卒右，飞右，飞上，曹左，上二卒下二，飞左，飞上，下卒右上，关上，左二卒右二，曹下，中二卒左二，关上，左卒上右，曹右。

★ 提高空间思维能力

    滑块类游戏的一大特色就是能迅速提高一个人的空间思维能力。在华容道中，玩家必须充分考虑每个子的特色与移动规律，不同的布局也会对解谜难度产生较大的影响，这些都需要我们在实践中总结规律。

★★★ 七巧板 ★★★

● 起源

　　"七巧板"是我国古代劳动人民的发明，其历史至少可以追溯到公元前1世纪。我们目前流传的七巧板是由宋代的燕几图演变而来，到了明代基本定型。

　　明、清两代在民间广泛流传，清陆以湉《冷庐杂识》卷一中写道"近又有七巧图，其式五，其数七，其变化之式多至千余。体物肖形，随手变幻，盖游戏之具，足以排闷破寂，故世俗皆喜为之。"其意思是说：最近又出现了七巧图，其中有五种样式，一共有七块木板，它能拼出的造型能多达一千余种。能够拼凑出各种问题的外形，随手就可以变换，属于一种游戏娱乐的器具，可以用来排除烦闷、破解孤寂，所以当时的人们都很喜欢它。

　　著名学者、剑桥大学教授李约瑟先生曾说它是"东方最古老的消遣品"之一，至今英国剑桥大学的图书馆里还珍藏着一部《七巧新谱》。

　　19世纪最流行的谜题之一就是七巧板。七巧板的流行大概是由于它结构简单、操作简便、明白易懂的缘故。你可以用七巧板随意地拼出你自己设计的图样，但如果你想用七巧板拼出特定的图案，那就会遇到真正的挑战。这也正是七巧板的乐趣所在。

七巧板的形制与制作方式

　　七巧板是由下面七块板组成的，完整图案为一个正方形：五块等腰直角三角形（两块小三角形、一块中三角形和两块大三角形）、一块正方形和一块平行四边形。

　　下面简单讲解一下基于一个正方形底板的七巧板制作，这里会涉及一些平面几何中的简单术语，相信对聪明的读者朋友来说就是小菜一碟啦。

　　❶ 在一块硬纸板上画一个正方形ABCD，先在正方形ABCD中画两条对角线，AC和BD，交于G。

　　❷ 取BC边的中点E和DC边的中点F相连，交AC于J。

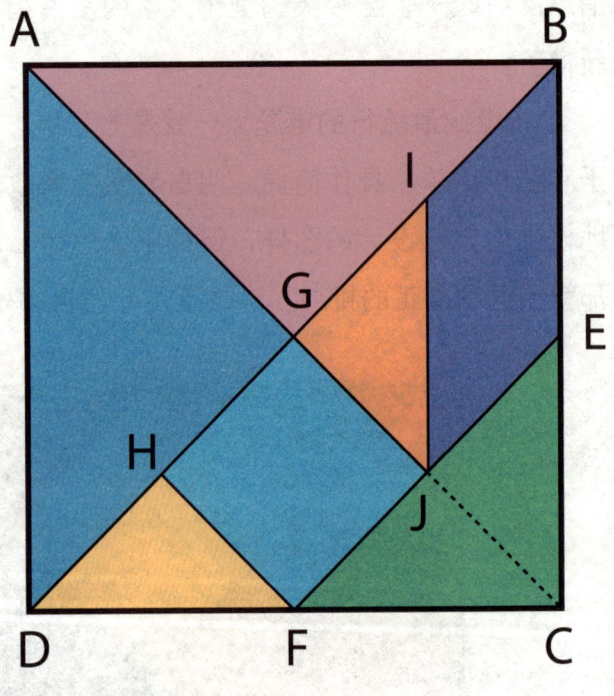

　　❸ 由J向上作BC边的平行线，交BD于I。

　　❹ 由F作AC的平行线交BD于H。

　　这样形成的图形中，除了CJ是虚线，不能剪切以外，沿其他线按任意次序就都可以剪出一副七巧板了。

● 七巧板的妙用

七巧板一经问世就广受欢迎，在世界各国都出现了诸多的变式，例如日本的四巧板、德国李希特的"多巧板"等等。七巧板以其丰富多变的造型引起了许多人的研究兴趣，它也因这种变化性成为智慧的代名词。

许多企业还看到了七巧板身上的巨大商机。例如有用七巧板造型设计出的创意家居。

迪斯尼公司从七巧板巨大的知名度中找到灵感，把深受广大观众喜爱的卡通人物造型描绘在七巧板上，制作出了非常美观的七巧板游戏。

七巧板魔法书架

　　七巧板作为中国古代文化与智慧的象征还为2008奥运会申办成功贡献了一份力量。2000年9月9日，发明了七巧板的一种变形——16巧板的秦立新先生，给当时的奥委会主席萨马兰奇先生写了一封信，表达他对申奥的迫切心情，而这封信的全部内容是他用16巧板拼出来的！

　　当然七巧板最大的妙处在于它能启迪人的思维，锻炼人的想象能力以及实际操作的能力。相信你通过自己的努力拼出一个复杂图形时，一定会体会到成功的喜悦。

动手拼一拼

1 如果我告诉你下面的这些图是用同一副七巧板拼出的，你相信吗？

★ 这些图形的外部轮廓都是一样的，但是面积不同，这也是七巧板的一个独特之处。

★ 提升观察能力

七巧板的主要玩法便是按图拼图，这就需要我们有敏锐的观察能力，通过图形各部分的形状和比例关系来寻找拼图思路。

② 用七巧板可以拼出多种多样的五边形，参考下面给出的5个，再动手拼一拼，看看你能再摆出几个五边形。

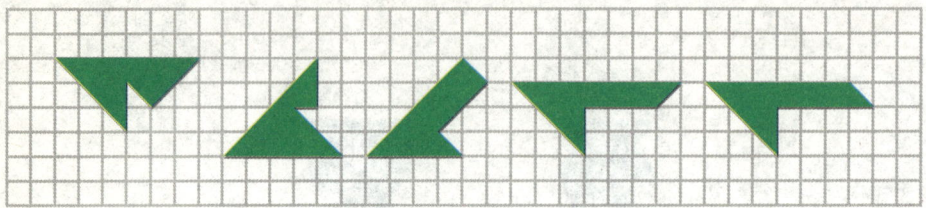

你摆出了几个？下面是可以摆出的所有五边形。

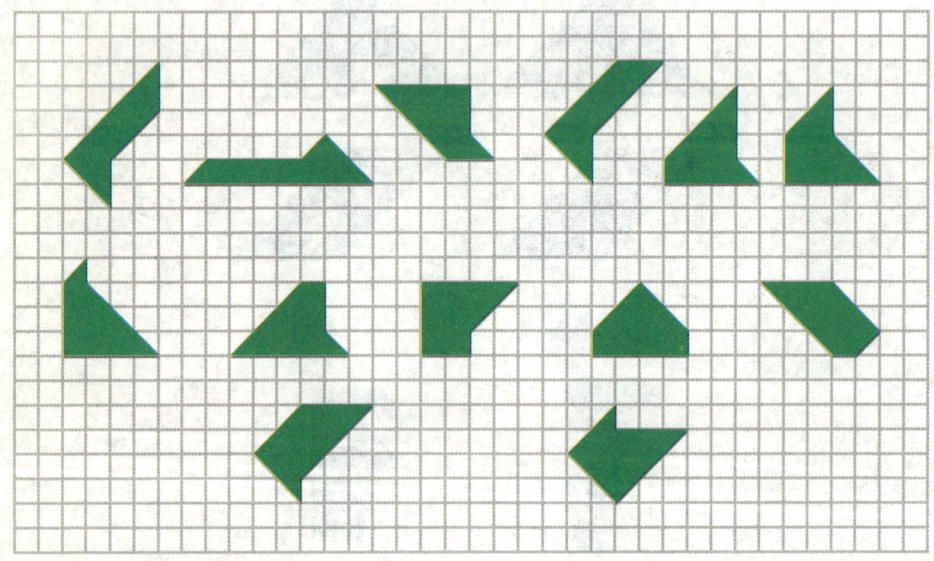

★ 提升空间思维能力和转换能力

　　用七巧板的组成部分，可以拼出很多相似的图形，例如两个小的三角形可以拼出正方形，这三者结合又可以拼出大三角形。那么，每个部分该如何转换就需要结合给出的图形，具体问题具体分析。

③ 七巧板因其每一部分都具有对称性，所以能拼出许多对称的图案，尝试着拼出以下图案吧。

这些图形都是轴对称图形，就是说沿着中间轴对折，左右两部分可以完全重合起来。用你手中的七巧板拼拼看吧。当然你也可以尝试自己创造出一些新的对称图形。

● 测试智力的七巧板变式——四巧板

作为玩具的七巧板，显然也可以作为智力测试的工具。在世界

各地种类繁多的七巧板变式中，日本非常重视智力测试功能。他们创造了一种专门用于智力测试的"四巧板"。

　　四巧板由4个组块构成，形状也比较简单，其中一块是等腰直角三角形，另两块是梯形，都带两个直角，还有一块是五边形，带一个大于180°的角。

　　其中，三角形的直角边和斜边各与其他三个组块中的一条边长相等。由于有这样一种尺寸间的协调关系，四巧板可以拼出相当复杂的图形来，而且根据所拼图形的复杂程度，可以评定一个人的智力高低。

　　下面就动手测一测，看看自己的智力是什么水平吧！

① **刚出生的小baby**
请拼出以下6个图形，每个图形拼摆时间不得超过5分钟

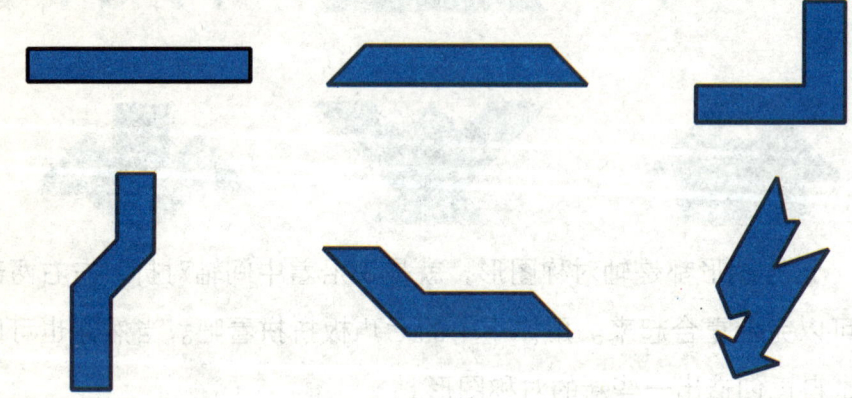

② **会走路的幼儿**
请拼出以下9个图形，每个图形拼摆时间不得超过6分钟

③ IQ110至120

请拼出以下9个图形，每个图形拼摆时间不得超过7分钟

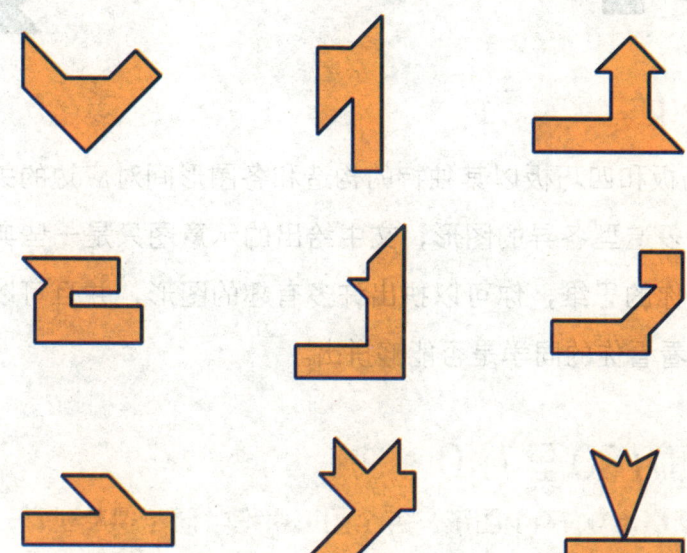

④ IQ120至130

请拼出以下9个图形，每个图形拼摆时间不得超过8分钟

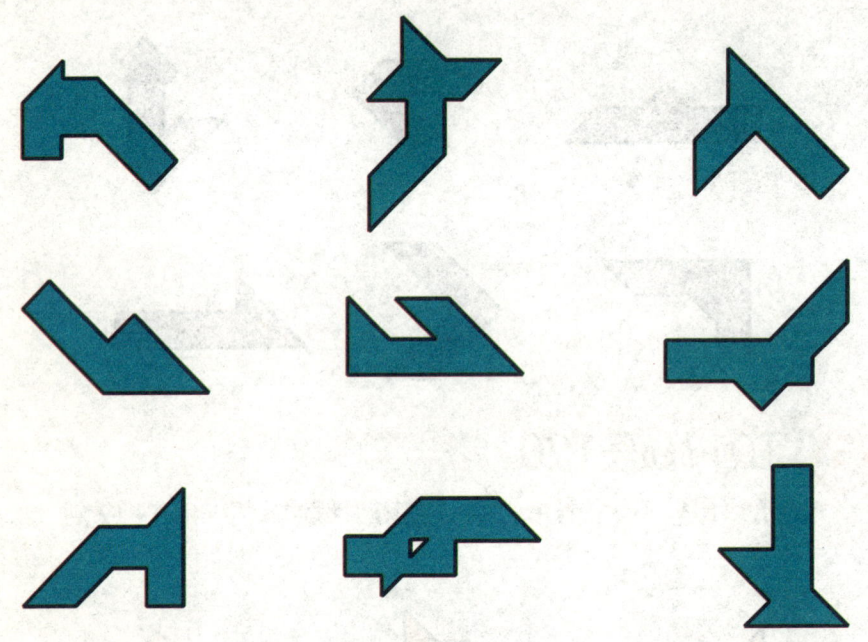

★ **拓展想象力**

　　七巧板和四巧板以其独特的构造和各图形间对应边的关系，可以拼出许多造型各异的图形，文中给出的示意图只是一些典型的例子，开动你的思维，你可以拼出许多有趣的图形，并且可以把它们画出来，看看你的同学是否能够拼出。

⑤ IQ130至140

请拼出以下9个图形，每个图形拼摆时间不得超过11分钟

⑥ IQ140至150

请拼出以下9个图形，每个图形拼摆时间不得超过13分钟

★ 请在时限内独立完成所有9个拼图。

⑦ **爱因斯坦级别**

请拼出以下9个图形，每个图形拼摆时间不得超过15分钟

恭喜，你的智力已远远超出常人，请好好开发！

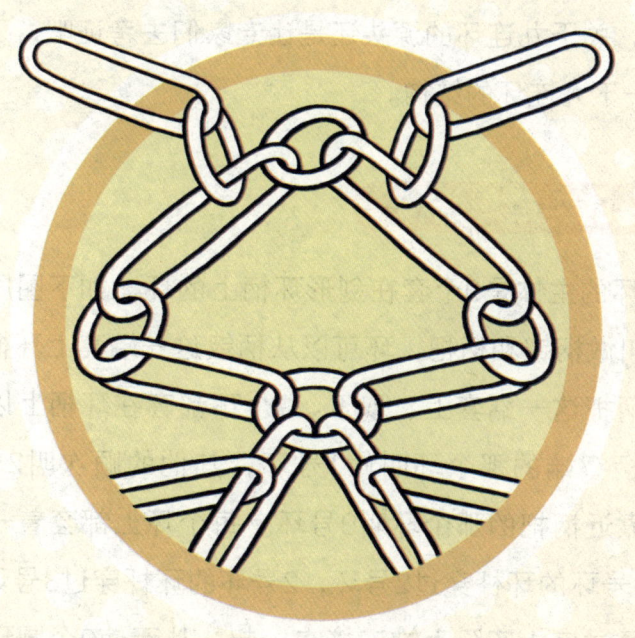

★★★ 九连环 ★★★

● 起源

　　九连环由九个圆环相连成串，以解开为胜。据明代杨慎《丹铅总录》记载，曾以玉石为材料制成两个互贯的圆环，"两环互相贯为一，得其关捩，解之为二，又合而为一"。后来，以铜或铁代替玉石，成为一种老少皆宜的玩具。

　　据说西汉辞赋家司马相如的妻子写给他的信中就提到过九连

环，但由于时间尚久难以考证。不过，九连环在宋代已经广泛流行，并且至少有800年的历史。

　　好了，关于九连环的源头还是让专家们去考证吧，下面我们就一起学习一下九连环的结构。

● 九连环的组成与结构

　　九连环的主体是9个套在剑形环柄上的环，如下图所示。环柄两端分别叫做柄钗和柄把，环可以从柄钗这一端套上环柄或取下，但不能从柄把这一端套上、取下。9个环都套在环柄上以后，我们把最靠近柄钗端的那个环叫做1号环，其他的顺次叫2号环，3号环……最靠近柄把的那个环叫9号环。每个环上都套着一个带环杆的小环，1号环的环杆穿过2号环，2号环的环杆穿过3号环……环杆的另一端通过底板实际上被连接在一起，从而使9个圆环形成叠错扣连的关系。九连环的奥妙就是由它的这种结构引起的。

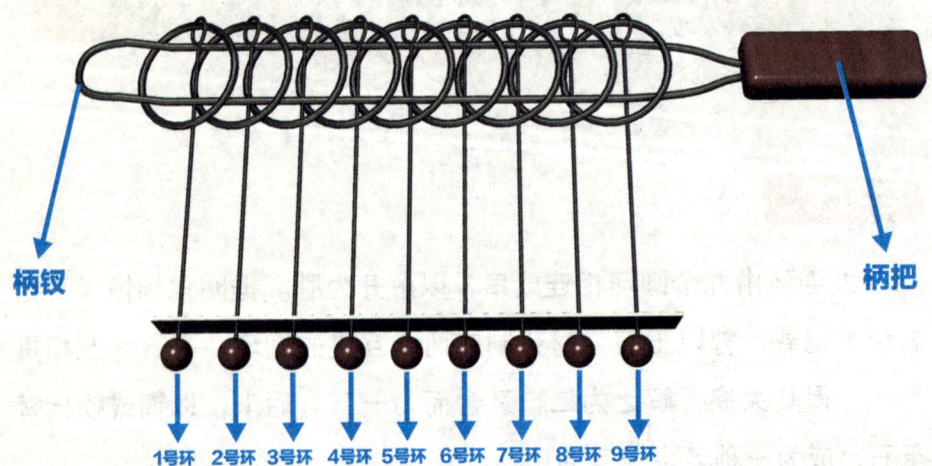

柄钗　　　　　　　　　　　　　　　　　　　　　　　柄把

1号环　2号环　3号环　4号环　5号环　6号环　7号环　8号环　9号环

● 九连环的基本操作

由于九连环的独特结构，这9个环中，只有1号环和2号环，既可单独套上环柄或从环柄上取下（以后者为简单，我们只说"上"或"下"），也可同时上、下；其他环都只能单独上、下，而且单独上、下有严格的条件限制。为了玩九连环，我们必须先熟练地掌握九连环的基本操作。

九连环的基本操作方法有三种。

① 单环上、下法

单环的上、下法就是把1号环装上或取下的方法。上环时，左手用拇指、食指和中指拿住环转90°，让它自下而上穿过环柄的两根横杠，再转90°，把它左移过柄钉后适当降低高度，就可套到环柄上去了，其过程如图一和图二所示。

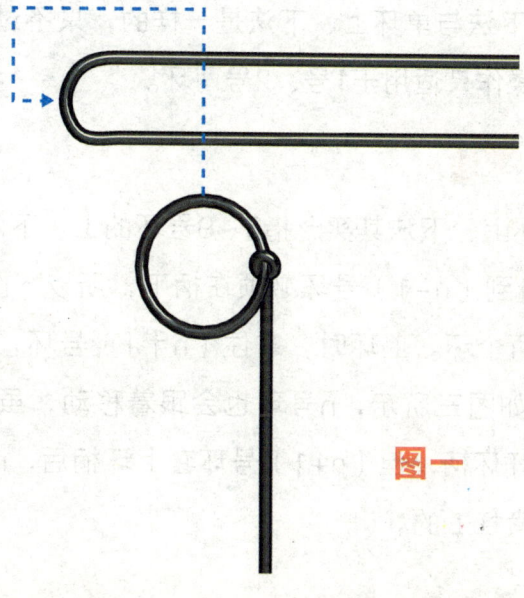

图一

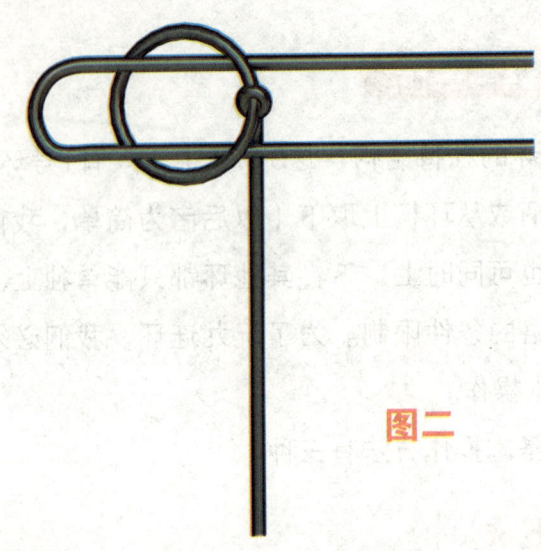

图二

下环的过程恰是上环的逆过程。正确的动作应为：把1号环提起往左移过柄钉，再返回转90°，让它从环柄的两根横杠中穿下，所以其行走路线仍如图一虚线所示，但方向相反。

② 双环上、下法

双环上、下法与单环上、下法是一样的，只不过需同时拿住两个环操作。此操作只适用于1号、2号两环。

③ 3号环上、下法

所谓3号环上、下法其实泛指3～9号环的上、下法，此时n号环必须在柄上，1到（n−1）号环必须在柄下，所以下图中只画出了n和（n+1）号两个环。上环时，拿住（n+1）号环，按单环上法套到柄上，这时如图三所示，n号环也会跟着移动，虽然由于环杆的作用不会脱离开环柄，但（n+1）号环套上环柄后，n号环是"浮"在环柄内侧的横杠上的。

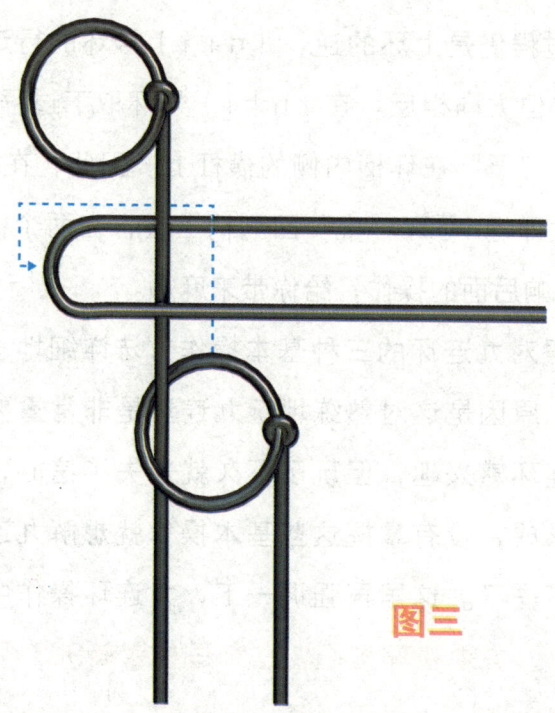

图三

因此，在装上（n＋1）号环以后，应随手把n号环"推"回到柄上去，在两个横杠上重新架好，如图四所示。

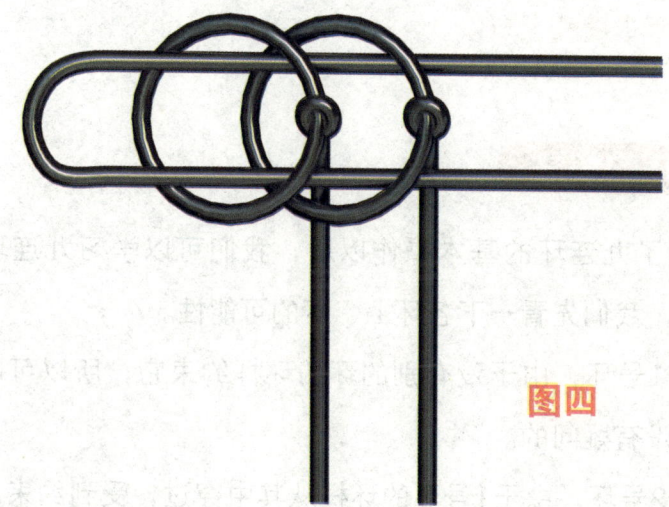

图四

　　下环的过程仍是上环的逆，（n＋1）号环的行走路线如图三中虚线所示，但方向相反。在（n＋1）号环取下过程中，n号环也会跟着移动，"浮"在环柄内侧的横杠上。因此，在取下(n＋1)号环以后，应立即把n号环"推"回到柄上去，在两个横杠上重新架好，否则会影响后面的操作，给你带来麻烦。

　　我们这里对九连环的三种基本操作方法详细地、不厌其烦地介绍了一遍，原因是这对熟练地玩九连环是非常重要的。一些朋友虽然对九连环感兴趣，但玩了不久就丧失了信心，不玩了，原因就是急于求成，没有掌握这些基本操作就想解九连环，很快就弄乱而玩不下去了。这里再强调一下，九连环操作中最关键的就是，对于下环，必须将环提起，左移过柄钉转90°后，让它从环柄的两根横杠中落下；对于上环，必须自下而上将环从两根横杠中穿过，也要左移过柄钉后再把它套到环柄上去。此外，要把取下或套上时位置受影响的左侧那个环通过柄钉重新正确复位，架在环柄的两个横杠上口。

🔶 九连环的解法

　　掌握了九连环的基本操作以后，我们可以学习九连环的解法了。为此，我们先看一下各环上、下的可能性。

　　对于1号环，由于没有别的环的环杆约束它，所以可以自由上下，这是没有疑问的。

　　对于2号环，由于1号环的环杆从其中穿过，受到约束，所以它可以同1号环"随动"，即随同1号环一起上下。

如果2号环要单独下，则1号环必须留在柄上，否则，由于1号环的杆是穿过2号环的，而1号环已经从柄上脱下，它的环杆已在柄外，这将阻止2号环在左移过柄钉后返回，重新从两根横杠中间落下，也就是说无法下环。因此2号环单独下的必要条件是1号环留在柄上。

至于2号环上时，1号环在柄上还是柄下均可，1号环在柄下时由于1号环的环杆是穿过2号环的，在2号环上时，将连带着把1号环也带到内侧横杠上方"浮"着，只要把它推过钉端即可。

对于3号环的下，我们看到，若1、2号环也在柄上，则1号环的环杆将阻止3号环左移过柄钉，而若1、2号环均在柄下，则2号环的环杆（它是穿过3号环的）将阻止3号环在左移过柄钉后返回，从两个横杠中落下，因此都是无法实现的，因此，只有当1号环在柄下，而2号环在柄上时，3号环才能下。反之亦然。

往下，对4号环、5号环……的上下，就都同3号环类似了，也就是，只有当它前面一个环在柄上，再前面的所有环都在柄下时，这个环才有可能上下。用数学方法表达的话，其规则是：如果只有n号环在柄上，则（n+1）号环就可以从柄上取下或装上。因此，如果想要取下9号环，则8号环必须在柄上，而1~7号环又都必须在柄下；如要取下7号环，则6号环必须在柄上，而小于6号的环都应先取下；如要取下5号环，则4号环必须在柄上而先要将1~3号环取下……

这样，在玩九连环时，要把9个环都从柄上取下，第一步应取下1号环，而不可将1、2号环同时取下。

下面，我们给出取下九连环的全过程。其中12上、12下指的是1号环和2号环同时上下，这算一步。总共256步。把9个环都装上去的过程与此相反。

① 1下　　第一步，1号环下

② 3下　1上　12下　　3步，2、3号环下。连前共4步

③ 5下　12上　1下　3上　1上　12下　4下　12上
1下　3下　1上　12下

12步，4、5号环下。连前共16步

④ 7下　12上　1下　3上　1上　12下　4上　12上
1下　3下　1上　12下　5上　12下　1下　3上　1上
12下　4下　12上　1下　3下　1上　12下　6下　12上
1下　3上　1上　12下　4上　12下　1下　3下　1上
12下　5下　12上　1下　3上　1上　12下　4下　12上
1下　3下　1上　12下

48步，6、7号环下。连前共64步

⑤ 9下　12上　1下　3上　1上　12下　4上　12上

1下　3下　1上　12下　5上　12上　1下　3上　1上

12下　4下　12上　1下　3下　1上　12下　6上　12上

1下　3上　1上　12下　4上　12上　1下　3下　1上

12下　5下　12上　1下　3上　1上　12下　4下　12上

1下　3下　1上　12下　7上　12上　1下　3上　1上

12下　4上　12上　1下　3下　1上　12下　5上　13上

1下　3上　1上　12下　4下　12上　1下　3下　1上

12下　6下　12上　1下　3上　1上　12下　4上　12上

1下　3下　1上　12下　5上　12上　1下　3上　1上

12下　4下　12上　1下　3下　1上　12下

> 96步，至此柄上剩7、8号环。连前共160步

⑥ 8下　12上　1下　3上　1上　12下　4上　12上

1下　3下　1上　12下　5上　12上　1下　3上　1上

12下　4下　12上　1下　3下　1上　12下　6上　12上

1下　3上　1上　12下　4上　12上　1下　3下　1上

12下　5下　12上　1下　3上　1上　12下　4下　12上

1下　3下　1上　12下

> 48步，至此柄上剩6、7号环。连前共208步

⑦ 7下　12上　1下　3上　1上　12下　4上　12上
　1下　3下　1上　12下　5上　12上　1下　3上　1上
　12下　4下　12上　1下　3下　1上　12下

24步，至此柄上剩5、6号环。连前共232步

⑧ 6下　12上　1下　3上　1上　12下　4上　12上
　1下　3下　1上　12下

12步。至此柄上剩4、5号环。连前共244步

⑨ 5下　12上　1下　3上　1上　12下

6步，至此柄上剩3、4号环。连前共250步

⑩ 4下　12上　1下

3步，至此柄上剩2、3号环。连前共253步

⑪ 3下　1上

2步，至此柄上剩1、2号环。连前共255步

⑫ 12下

1步，结束，9个环全部解下，共256步

解法看似繁琐，但是相信你独立解开一次之后，这些步骤就会烂熟于心的，时刻牢记九连环的基本操作方法和每个环上下所需要的条件，相信你一定会越玩越熟练。

孔明锁 ★★★ ★★★

起源

孔明锁，相传是三国时期诸葛孔明根据八卦玄学的原理发明的一种玩具（也有人说是由春秋末期到战国初期的鲁班发明的），曾广泛流传于民间。近年来又逐渐得到人

们的重视，它对放松身心，开发大脑，灵活手指均有好处，是老少皆宜的休闲玩具。孔明锁看上去简单，其实内中奥妙无穷，如果你不得要领，很难完成拼合。

其实，孔明锁起源于中国古代建筑中首创的榫卯结构。这种三维的拼插器具内部的凹凸部分（即榫卯结构）啮合，十分巧妙。

● 多种多样的孔明锁结构

孔明锁的种类各式各样，千奇百怪，其中以最常见的六根和九根的孔明锁最为著名。其中，六根的孔明锁又按照地区、设计理念的不同，在构造上也不同。按照榫形，目前把六根孔明锁主要分为两大类：A类和B类。当然，六根孔明锁的榫形是远远不局限于这两种的。九根孔明锁，挑选其中的若干根，可以完成"六合榫""七星结""八达扣""孔明锁"。九种榫形要同时满足不同数量实现四种咬合结构，实为不易之事。

上海世博会山东馆的孔明锁由2016块规格为32乘以16厘米的LED模块组合而成。长宽高都达到5.2米的巨大孔明锁在山东馆可以算作一个"地标性"的符号，让人一提到山东馆，便想起孔明锁。从外表上看，六根等长的条形体分成三组，经90度卯榫起来，形成30个显示面，组成一段完整的电影片段。四季轮回的景象、万物生长的朝气、洁白天鹅的优雅飞翔，无不展示了人与自然和谐相处的理念与美好愿景。

山东馆展示的经典孔明锁造型

孔明锁千姿百态的变式

一种经典的孔明锁拆装分解图

下面为大家介绍一种六根类孔明锁经典造型的拼装方法。

① 先将6根木块并排放置，认清每一块的编号。

⑤　　　　　　　　　　　　　　　　⑥

② 将 ① 和 ② 按图示位置交叉放置。

③ 把 ③ 放置在 ① 的左侧、② 的右侧的相对位置上。将 ④ 插入与 ③ 形成对应面。

④ 将 ⑤ 拼上，与 ② 形成对应面。把 ⑥ 插入5根木块形成的空隙中。

⑤　将 ⑥ 插进正确位置，完成孔明锁的组装。

以上是孔明锁的安装过程，拆卸过程其实就是安装过程的逆向操作，只需先抽出木块 ⑥ 即可。

孔明锁的造型多样，同种造型的变式更是不胜枚举，玩孔明锁对锻炼人的思维有很大的帮助。

★ 锻炼你的空间思维能力

七巧板和华容道属于2D平面游戏，而孔明锁则是3D立体游戏，所以它非常锻炼一个人的空间思维能力。榫卯的咬合搭配都需要细致地考虑木块间的空间布局。

★ 提高你的逻辑思维水平

孔明锁的拼装需要按照一定的先后顺序，可以先找到每个木块的对应面，再根据木块的具体形状来安排对应顺序。

★ 锻炼你解决问题的耐心和毅力

　　孔明锁拆开容易，装上难，在没有指引的情况下要拼好一个孔明锁，需要的只是耐心与毅力，当然也需要一点点的运气。通过玩孔明锁，可以帮助人们提高注意力，减少外界环境对自己的影响，养成不达目的誓不罢休的顽强品质。

风靡全球的魔方

● 起源

　　什么玩具在世界上最受欢迎？魔方当之无愧。魔方和中国人发明的华容道、法国人发明的独立钻石一起被称为智力游戏界的三大不可思议的玩具发明。魔方是这三个玩具中最"年轻"的。

在1974年夏天，匈牙利建筑学院教授和雕塑家鲁比克·艾尔内发明了一种教学工具，他的本意仅仅是想帮助学生增强空间思维能力。直到魔方在手时，他将魔方转了几下后，才发现如何把混乱的颜色方块复原竟是个有趣而且困难的问题。鲁比克就决心大量生产这种玩具。魔方发明后不久就风靡世界，人们发现这个由小方块组成的玩意儿实在是奥妙无穷。

这种魔方就是最为经典的三阶魔方，伴随着人们对魔方研究的不断深入，许多爱好者开始研究更多样式的魔方，于是二阶、四阶、五阶魔方相继问世，甚至还出现了五花八门的不规则魔方。

魔方别看只有26个小方块，变化可真是不少，魔方总的变化数为：

$$\frac{8!\times3^8\times12!\times2^{12}}{3\times2\times2} = 43,252,003,274,489,856,000$$

如果你一秒可以转3下魔方，不计重复，你也需要转4542亿年，才可以转出魔方所有的变化，这个数字是目前估算宇宙年龄的大约30倍。

伴随着魔方样式的发展，魔方的玩法也越来越多。世界各地还会举办魔方比赛，这也更激发了魔方玩家的研究兴趣。2010年11月13日，澳大利亚玩家Feliks Zemdegs创下了一个惊人的纪录：只用6.77秒就复原了一个颜色被彻底打乱的魔方。同时，借助于强大的计算机运算能力，现在已经证明出任何一个被打乱的三阶魔方都可以在20步以内还原，"20"这个数字也被定为魔方还原的"上帝之数"。

在中国同样有一大批魔方的忠实爱好者，他们之间也亲切地称呼彼此为"魔友"。怎么样？对这个神奇的方块感兴趣了吧？下面就先学习一下魔方的基础知识吧。

三阶魔方的基本知识

◎ 中心轴 ◎

三阶魔方的中心轴连接着6个面的中心块，观察可知这6个中心块的相对位置是固定不变的。比如说：白色面与黄色面对应，绿色面与蓝色面相对应，红色面与橙色面相对应。

◎ 块 ◎

三阶魔方的块有三类，分别为：

1.8个角块：位于每个面的边角，每块有三个面。

2.6个中心块：位于每个面的中间，与中心轴相连，只有一个面。

3.12个棱块：位于两个面的夹角部位，每块有两个面。

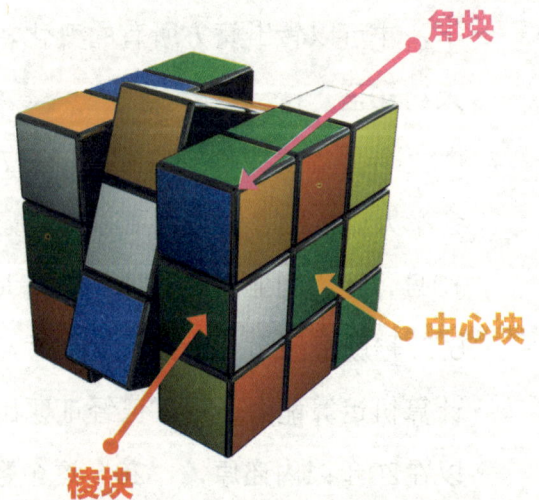

角块

中心块

棱块

◎ 面 ◎

　　三阶魔方是一个正六面体，自然有六个面，通常我们把正对着我们的面叫前面（用字母F表示），把其余五个面按照位置依次记为：背面、左侧面、右侧面、顶面、底面，它们分别用字母：B、L、R、U、D表示。熟悉英语的朋友肯定会发现，这些字母缩写正是表示方位的英文单词的首字母。

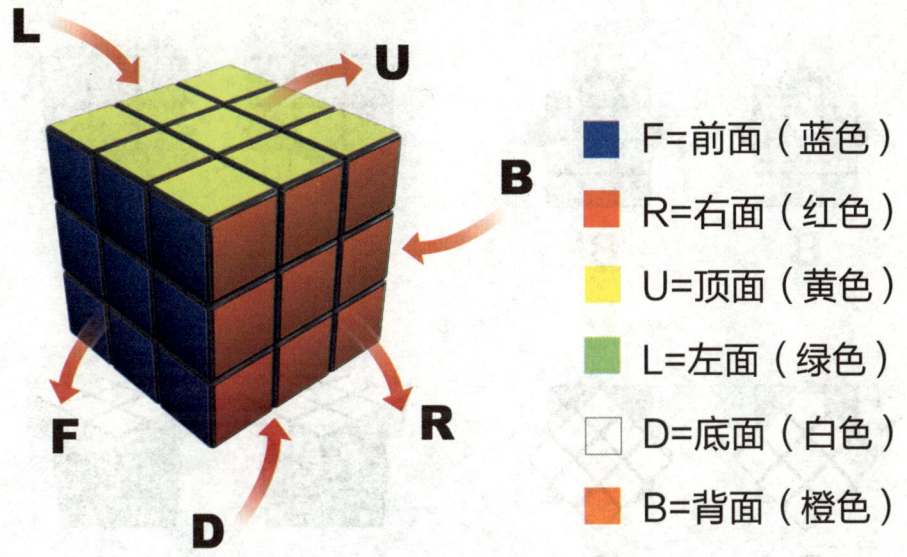

F=前面（蓝色）

R=右面（红色）

U=顶面（黄色）

L=左面（绿色）

D=底面（白色）

B=背面（橙色）

◎ 操作 ◎

　　魔方的玩法就是通过扭转各个面让魔方六面复原，或者拼出指定的图形。前面我们已经介绍了每一个面的字母代码，下面我们就用字母来代替面的操作，其中F代表前面顺时针转90°，F'代表前面逆时针旋转90°（我们用"'"来表示逆时针旋转90°，不带"'"便是顺时针旋转90°）。如下图：

魔方的十二种基本操作

R R' L L'

B B' D D'

F F' U U'

三阶魔方的初级解法

　　下面为大家介绍三阶魔方的初级解法。不管你的魔方被打乱到何种程度，只要按照下面的步骤操作，都能实现还原。

　　我们以白色为底面介绍还原过程，为了方便对照请你也以白色为底面。

① 还原底层十字架

魔方底层十字架可以无师自通，只是我们这一步要复原的四个棱块的相对位置顺序要注意，由于我们以白色中心块做底层，按照我们现在的主流魔方的贴纸的贴法（上黄下白，前蓝后绿，左橙右红），如果我们先复原了白蓝这个棱块，那我们在保持白色中心块在底部的情况下，白红的棱块就一定要放在白蓝棱块的右边，白橙棱块放在白蓝棱块的左边，白绿棱块放在白蓝棱块的对面，由于魔方的中心块不会发生变化，所以在还原的过程中，我们是以中心块为参照物的。这一步方法很多，难度也不大，请朋友们按照中心块的原则自己动脑完成。

目标图 →

② 底角归位

接下来我们需要把四个侧面的底角的角块还原。此时会有以下三种情况，按照图后给出的解法可以很快的把底面还原。

★ 注意：图中标示出F字样的面是前面，请把它正对着你。（后面几步也是如此）

情况 1

情况 2

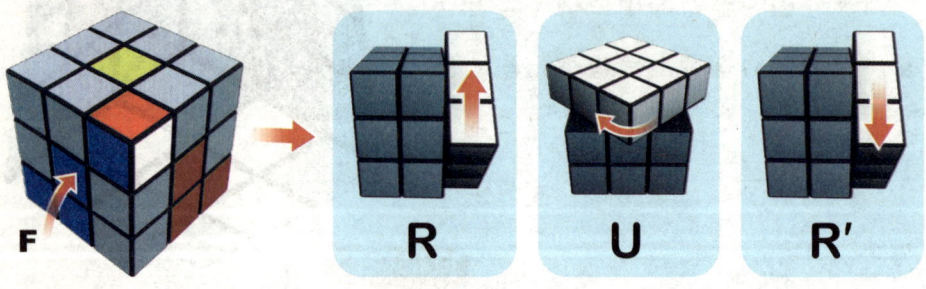

情况 3

R'	U'	R	U	R'

★得到如右图所示结果，你即
可进入下一步了。

目标图 →

③ 拼好中间层

　　完成这一层仅需记住两个公式，分别对应着两种情况：首先把顶层中棱块侧面的颜色与中心块的颜色对成一条直线，在这一层需要还原的一共有四个棱块（红蓝、蓝橙、橙绿、绿红），如果在第三层找不到所需棱块，那么它就出现在了中间层，利用下面公式的任意一个可以将其调换至顶层。反复使用下面两个公式，直到中间层的棱块归位。

情况 1

情况 2

★得到如右图所示结果，你即可进入下一步了。

目标图 ➔

④ 拼好顶层黄色十字

　　所谓顶层十字，就是把所有的黄色棱块，都翻到顶面，不用考虑角块的颜色。解决顶层得到黄色十字架，只需一个公式。具体情况与解决方法如下。

⊙ 公式 A

F　　R　　U　　R'　　U'　　F'

情况 1

使用公式A，必然会得到情况2或者情况3
的结果，再次使用公式A即可。

情况 2

使用公式A两次即可得到结果。

情况 3

使用公式A一次即可得到结果。

情况 4

直接进入下一个步骤。

★得到如右图所示结果，即可进入下一步了。

目标图 ➡

⑤ 拼好顶面

解决顶层得到黄色面，同样只需一个公式。具体情况与解决方法如下。

⬇ 公式 **B**

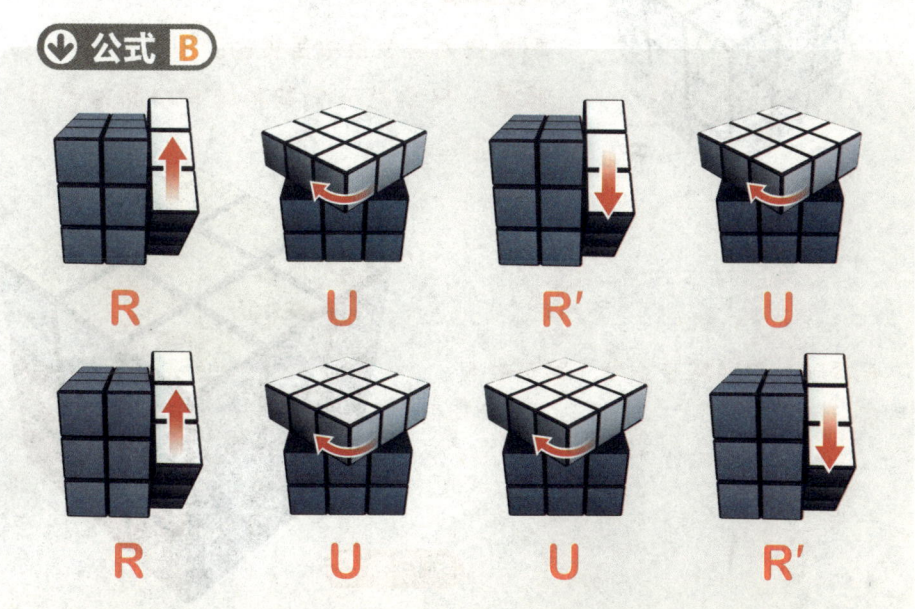

R　　U　　R'　　U

R　　U　　U　　R'

情况 1

顶层角块没有一个黄色，把角块的黄色面面向左侧，用公式B。

情况 2

顶层角块有一个黄色，把角块放在左前如图，用公式B。

情况 3

假如任何两个角块是黄色的，不要管它的位置，只要把一个黄色的角块面作为前面，用公式B。

★得到如右图所示结果，即可进入下一步了。

目标图 ➡

⑥ 顶层角块归位

　　顶层角块归位就是让顶层的四个角块都回到正确的位置上去，完成这一步只需记住公式C即可。先在四个侧面中找到顶层两个角块颜色相同的面，把它作为前面，使用公式C即可完成此步。如果在同一面上找不到两个颜色相同的角块，则任取一面用公式C一次即会出现有相同颜色角块的一面。

相同颜色的面

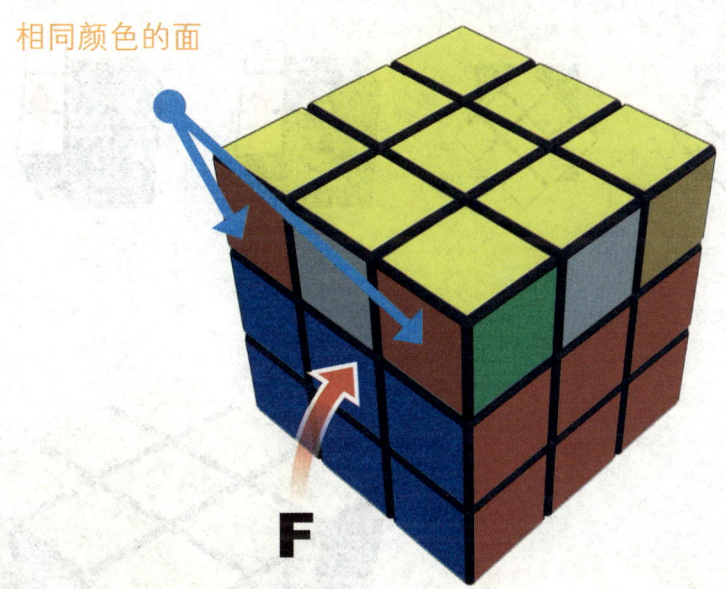

F

★注意：你所得到的相同颜色的面并不一定就是这个颜色，在使用公式操作前，请务必把相同颜色的面作为前面。

↓ 公式 C

R　　B′　　R　　F

F　　R′　　B　　R

F　　F　　R　　R

★得到如右图所示结果，你即可
进入下一步了。

目标图 →

⑦ 顶层棱块归位

　　最后一步了，此时一定要谨慎，通过观察把处于正确位置的棱块所在的面作为背面。此时的颜色不一定就是图中所示的，此时，最多用三次"三个棱块进行逆时针调换"的公式D就可完成对魔方的还原了！

⬇公式 D

R　　U'　　R　　U

R　　U　　R　　U'

R'　　U'　　R　　R

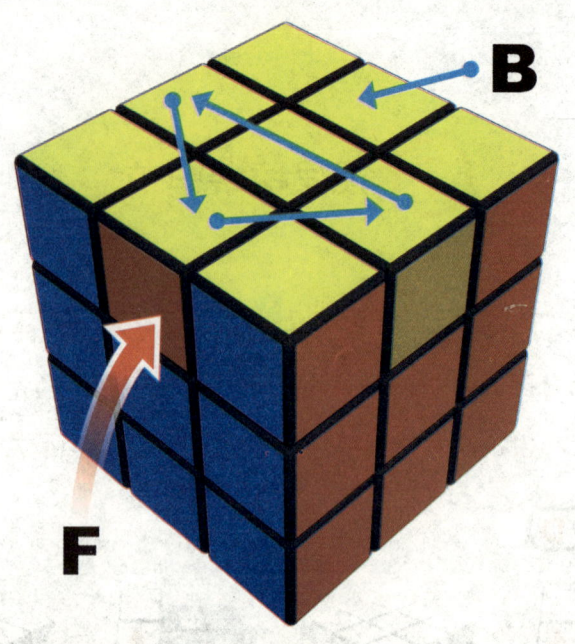

★此时最多使用3次公式D，即可还原整个魔方。要注意，在使用公式时，一定要保持前面始终正对着你。

恭喜你完成还原！

目标图 →

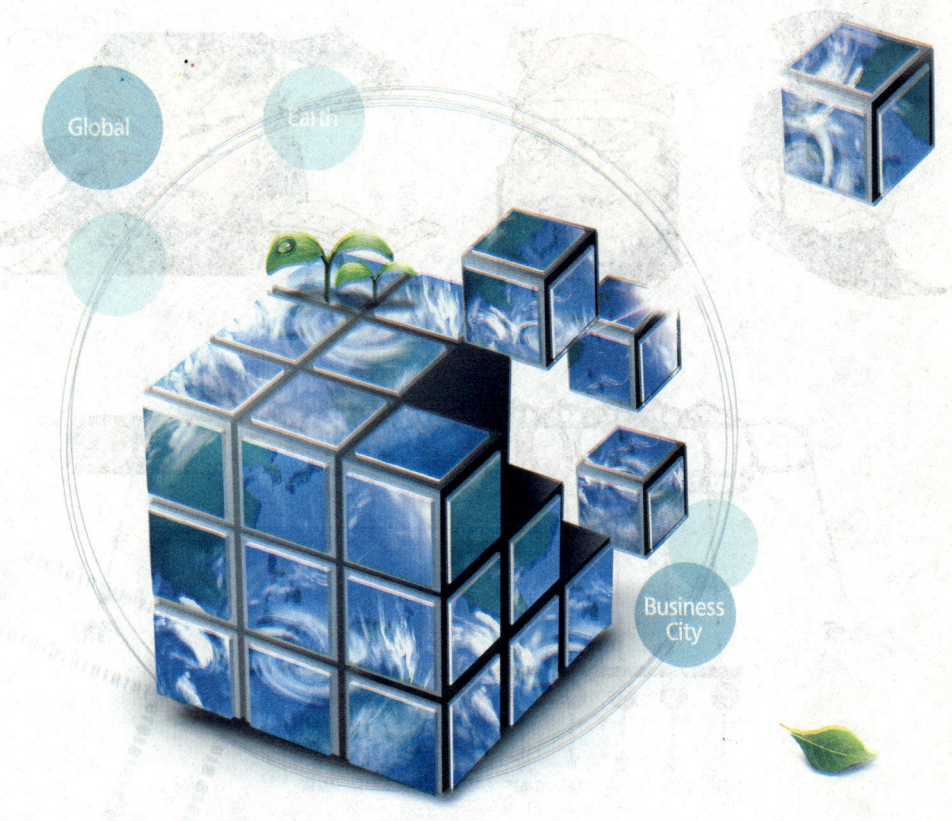

魔方可以带给你的收获：

魔方还原 ■ 提升你的空间思维能力

魔方速拧 ■ 训练你的观察和衔接能力

魔方手法 ■ 挑战你的手指灵活的极限

魔方盲拧 ■ 培养你的记忆力

魔方改造 ■ 增强你的动手能力

让你越玩越聪明

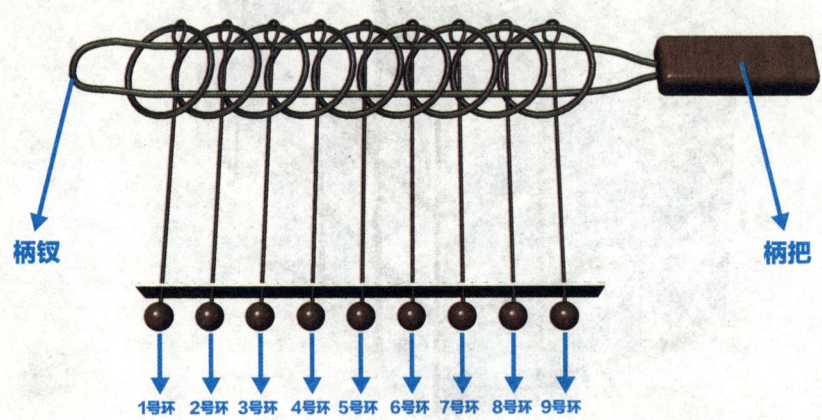

柄钗

柄把

1号环　2号环　3号环　4号环　5号环　6号环　7号环　8号环　9号环

CHAPTER 2

动脑玩de游戏

九宫数独、火柴拼图，还有海量的经典逻辑谜题，你能答出几个？你在遇到困难时是否能跳出思维定式？你是否具备创新能力？打开本章，让自己的头脑接受一场给力的思维风暴吧！

Zorro

淘乐斯变身公仔

全世界都在玩的
数独游戏

　　你想锻炼自己对数字的敏感性吗？你想提高自己观察、分析问题的能力吗？玩玩数独游戏吧，一定让你大有收获！数独游戏自出现以后立即风靡全球，在九宫数独的基础上出现了许多变式，我们这里只列出一些经典的九宫数独游戏。

　　九宫数独的游戏规则：

　　在9×9的格子中，用1到9共9个阿拉伯数字填满整个格子，要求符合：

　　每一行都用到1到9，位置不限

　　每一列都用到1到9，位置不限

　　每个宫格即3×3的格子都用到1到9，位置不限

　　下面我们通过一个例题来了解一下解答数独问题的基本思路。

　　例题：完成下列九宫数独

	1	2	3	4	5	6	7	8	9
A	2						9	3	7
B			8					2	1
C		6		9			8		
D			3						
E		4					3	6	
F						8		4	
G		9		6			7	2	
H	6			1	2				
I					5			8	

1. 运用直接观察法和排除法，通过F6与I8位置的"8"，可以推断出第7个宫格中的"8"应该在G5的位置上，同理可得出A4、H2均为"8"。经过直接观察可填出如下图形。

	1	2	3	4	5	6	7	8	9
A	2			8			9	3	7
B	9		8				6	2	1
C		6		9		2	8	5	4
D			3						
E		4					3	6	
F						8		4	
G		9		6	8	7	2		
H	6	8		1	2				
I					5			8	6

2. 接着考察G8，通过行、列、格交叉法可知，G8不能为2~9的任何一个数字，故G8为"1"；接着考察第八个宫格中"9"应当放的位置，因为第I行必须有一个"9"，而它不能出现在I7、I4的位置

上，而第七个宫格中有一个"9"，因此I1、I2、I3也不能填"9"，只能在I6上填"9"，类推可得：

	1	*2*	*3*	*4*	*5*	*6*	*7*	*8*	*9*
A	2		4	8			9	3	7
B	9		8				6	2	1
C		6				2	8	5	4
D			3						
E		4	9				3	6	
F			6			8		4	
G	4	9		6	8	7	2	1	
H	6	8		1	2				
I					5	9		8	6

3. 接着考察第八宫中的两个空格，观察可知应填入"7"、"9"。由D3的"3"可知，第七宫的"3"必然在I1或者I2中，因此I4就不能为"3"，只能填"4"，I6则为"9"。由此可得：

	1	*2*	*3*	*4*	*5*	*6*	*7*	*8*	*9*
A	2	5	4	8			9	3	7
B	9		8				6	2	1
C		6	1	9		2	8	5	4
D			3					7	
E		4	9				3	6	
F			6			8		4	
G	4	9	5	6	8	7	2	1	3
H	6	8	7	1	2	3	4	9	5
I			2	4	5	9	7	8	6

4. 由G6、E8、F3可知第五宫中的"6"必须在D5或D6的位置上，同理，第五宫中的"4"也必须在D5或D6的位置上，由此可知D5、D6两个位置只能是4和6。又根据C4、E3、I6可判断出，第五宫中的"9"只能在F5或D5中，又因为D5只能是4或者6，所以"9"只能在F5的位置上。之后依此类推，我们可以得到最终答案为：

	1	2	3	4	5	6	7	8	9
A	2	5	4	8	1	6	9	3	7
B	9	3	8	7	4	5	6	2	1
C	7	6	1	9	3	2	8	5	4
D	8	2	3	5	6	4	1	7	9
E	5	4	9	2	7	1	3	6	8
F	1	7	6	3	9	8	5	4	2
G	4	9	5	6	8	7	2	1	3
H	6	8	7	1	2	3	4	9	5
I	3	1	2	4	5	9	7	8	6

完成以下九宫数独 ⬇

1.（入门级）

	1	2	3	4	5	6	7	8	9
A	8	2	3	1	6		5		
B		6	4			8		3	
C		5		3			6		8
D					8			7	1
E				4		1			
F	3	7			9				
G	7		9			2		8	
H		4		8			1	2	
I			8		4	5	7	6	3

答案

	1	2	3	4	5	6	7	8	9
A	8	2	3	1	6	9	5	4	7
B	1	6	4	7	5	8	9	3	2
C	9	5	7	3	2	4	6	1	8
D	4	9	6	5	8	3	2	7	1
E	5	8	2	4	7	1	3	9	6
F	3	7	1	2	9	6	8	5	4
G	7	3	9	6	1	2	4	8	5
H	6	4	5	8	3	7	1	2	9
I	2	1	8	9	4	5	7	6	3

2.（入门级）

	1	2	3	4	5	6	7	8	9
A		7							8
B	8			7		9			4
C						5	7		
D	9			6				3	7
E	3	8	4				6	9	2
F	6	2				8			5
G			6	2					
H	2			3		4			6
I	4							2	

答案

	1	2	3	4	5	6	7	8	9
A	5	7	9	4	6	3	2	1	8
B	8	6	2	7	1	9	3	5	4
C	1	4	3	8	2	5	7	6	9
D	9	1	5	6	4	2	8	3	7
E	3	8	4	1	5	7	6	9	2
F	6	2	7	9	3	8	1	4	5
G	7	5	6	2	9	1	4	8	3
H	2	9	1	3	8	4	5	7	6
I	4	3	8	5	7	6	9	2	1

3.（入门级）

	1	2	3	4	5	6	7	8	9
A	3				7		8	9	1
B	6		1					5	
C		9					3	7	
D		2				7			3
E	1	8	7		9		5	4	2
F	5			1				6	
G		1	2					8	
H		5					4	2	7
I	8	6	4		2				

答案

	1	2	3	4	5	6	7	8	9
A	3	4	5	2	7	6	8	9	1
B	6	7	1	9	3	8	2	5	4
C	2	9	8	4	1	5	3	7	6
D	4	2	6	5	8	7	9	1	3
E	1	8	7	6	9	3	5	4	2
F	5	3	9	1	4	2	7	6	8
G	7	1	2	3	5	4	6	8	9
H	9	5	3	8	6	1	4	2	7
I	8	6	4	7	2	9	1	3	5

4.（普通级）

	1	2	3	4	5	6	7	8	9
A			6						2
B			4		9	2			6
C					6		3		
D							1	7	
E		8	3	7	2		6	5	
F		9	7	3					
G			9		8				
H	2		5	6	1		9		
I	6	7					5		

答案

	1	2	3	4	5	6	7	8	9
A	9	5	6	1	7	3	4	8	2
B	8	3	4	5	9	2	7	1	6
C	7	2	1	8	6	4	3	9	5
D	5	6	2	9	4	8	1	7	3
E	4	8	3	7	2	1	6	5	9
F	1	9	7	3	5	6	8	2	4
G	3	1	9	4	8	5	2	6	7
H	2	4	5	6	1	7	9	3	8
I	6	7	8	2	3	9	5	4	1

5.（普通级）

	1	2	3	4	5	6	7	8	9
A	8		4	2		1			
B		2		8					
C	5		1		6			2	7
D	1				3				
E	9	5	8				1	4	3
F					1				2
G	4	1			8		2		6
H						6		7	
I				5		9	3		8

答案

	1	2	3	4	5	6	7	8	9
A	8	7	4	2	5	1	6	3	9
B	6	2	3	8	9	7	4	5	1
C	5	9	1	3	6	4	8	2	7
D	1	4	2	9	3	8	7	6	5
E	9	5	8	6	7	2	1	4	3
F	7	3	6	4	1	5	9	8	2
G	4	1	5	7	8	3	2	9	6
H	3	8	9	1	2	6	5	7	4
I	2	6	7	5	4	9	3	1	8

6.（普通级）

	1	2	3	4	5	6	7	8	9
A	7						1	3	6
B		3		8		1	7		5
C				3			2		
D	4	2	6			8			
E									
F				7			4	5	1
G			4			5			
H	2		7	9		3		6	
I	3	8	5						7

答案

	1	2	3	4	5	6	7	8	9
A	7	4	8	5	9	2	1	3	6
B	6	3	2	8	4	1	7	9	5
C	1	5	9	3	6	7	2	4	8
D	4	2	6	1	5	8	3	7	9
E	5	7	1	4	3	9	6	8	2
F	8	9	3	7	2	6	4	5	1
G	9	6	4	2	7	5	8	1	3
H	2	1	7	9	8	3	5	6	4
I	3	8	5	6	1	4	9	2	7

7.（困难级）

	1	2	3	4	5	6	7	8	9
A		2			1		5	6	
B		7	1						4
C		8				4			
D				5		1			9
E			9	6		2	7		
F	7			4		3			
G				9				1	
H	3						9	8	
I		9	7		2			3	

答案

	1	2	3	4	5	6	7	8	9
A	4	2	3	7	1	9	5	6	8
B	6	7	1	3	5	8	2	9	4
C	9	8	5	2	6	4	1	7	3
D	8	6	4	5	7	1	3	2	9
E	5	3	9	6	8	2	7	4	1
F	7	1	2	4	9	3	8	5	6
G	2	4	8	9	3	5	6	1	7
H	3	5	6	1	4	7	9	8	2
I	1	9	7	8	2	6	4	3	5

8.（困难级）

	1	2	3	4	5	6	7	8	9
A		9				5		4	
B	7							8	
C				3			5	1	
D				6		8		5	
E		8	6		2		7	9	
F		2		7		3			
G		6	1		7				
H		5							8
I		7		9				3	

答案

	1	2	3	4	5	6	7	8	9
A	2	9	3	1	8	5	6	4	7
B	7	1	5	4	6	9	3	8	2
C	6	4	8	2	3	7	5	1	9
D	1	3	7	6	9	8	2	5	4
E	4	8	6	5	2	1	7	9	3
F	5	2	9	7	4	3	8	6	1
G	3	6	1	8	7	4	9	2	5
H	9	5	2	3	1	6	4	7	8
I	8	7	4	9	5	2	1	3	6

9.（困难级）

	1	2	3	4	5	6	7	8	9
A	9							2	
B	8					4		7	3
C	2			5			6		
D				7		6			
E	1		4				8		7
F				4		2			
G			9			5			6
H	4	7		3					1
I		1							8

答案

	1	2	3	4	5	6	7	8	9
A	9	4	6	8	3	7	1	2	5
B	8	5	1	6	2	4	9	7	3
C	2	3	7	5	9	1	6	8	4
D	5	9	3	7	8	6	4	1	2
E	1	2	4	9	5	3	8	6	7
F	7	6	8	4	1	2	3	5	9
G	3	8	9	1	7	5	2	4	6
H	4	7	2	3	6	8	5	9	1
I	6	1	5	2	4	9	7	3	8

10.（大师级）

	1	2	3	4	5	6	7	8	9
A				7	8			9	1
B	6								3
C	5		1					2	
D	9				7	5	1		
E									
F			7	1	3				
G		2					4		6
H	7								5
I	4	9			6	3			

答案

	1	2	3	4	5	6	7	8	9
A	2	4	3	7	8	6	5	9	1
B	6	7	9	2	5	1	8	4	3
C	5	8	1	3	4	9	6	2	7
D	9	3	2	8	7	5	1	6	4
E	1	5	4	6	9	2	3	7	8
F	8	6	7	1	3	4	2	5	9
G	3	2	5	9	1	7	4	8	6
H	7	1	6	4	2	8	9	3	5
I	4	9	8	5	6	3	7	1	2

11.（大师级）

	1	2	3	4	5	6	7	8	9
A		2				9			3
B					6				2
C		4	6		1			9	
D		9		4				5	
E	3				7				6
F		8				6		2	
G					5		6	8	
H	5				9				
I	1			7				3	

答案

	1	2	3	4	5	6	7	8	9
A	8	2	1	5	4	9	7	6	3
B	9	5	3	8	6	7	4	1	2
C	7	4	6	2	1	3	5	9	8
D	6	9	7	4	2	8	3	5	1
E	3	1	2	9	7	5	8	4	6
F	4	8	5	1	3	6	9	2	7
G	2	7	4	3	5	1	6	8	9
H	5	3	8	6	9	2	1	7	4
I	1	6	9	7	8	4	2	3	5

趣味
图形推理

你对图形的敏感度够高吗？根据下面的图形做做推理，选择出最适合填在"？"的图形。

1.

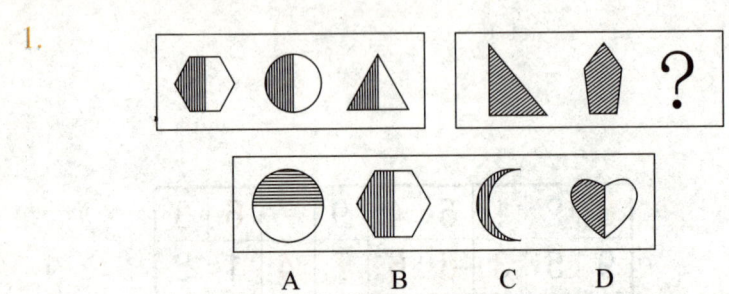

A B C D

答案：C，第一套图形均由阴影和空白两部分组成，第二套图形内部均为阴影，只有C选项符合题意。

2.

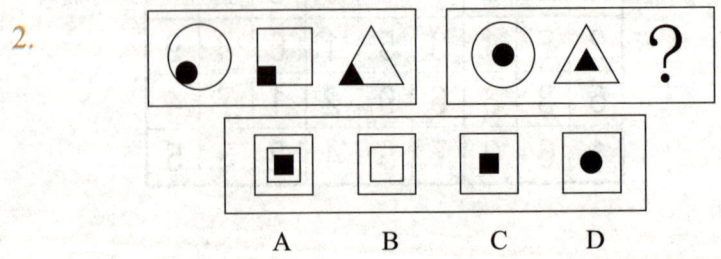

A B C D

答案：C，图形由全等的内外两部分组成，内部为实心，只有C符合题意。

3.

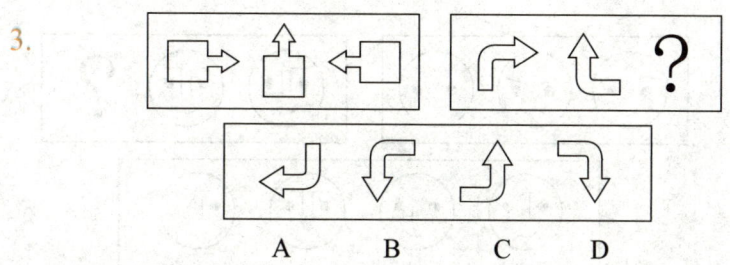

答案：A，根据第一套图可以发现：后面的图形均由前一个图逆时针旋转90度得到，第二套图也符合这个规律，只有A正确。

4.

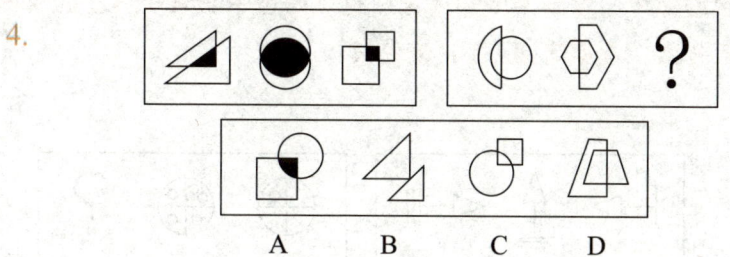

答案：D，本图形为相交的两个相似图形，由此可以排除A和C；B项只是相切，图形没有重合的部分，只有D选项符合图中规律。

5.

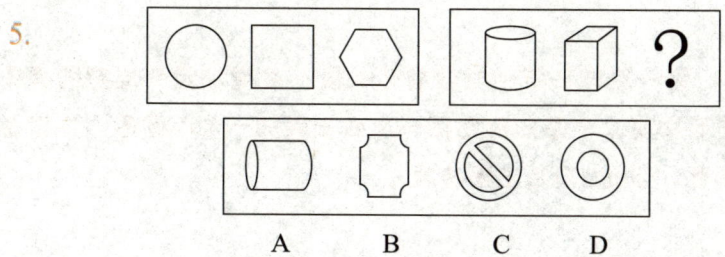

答案：A，第一套图中的图形均为平面图，第二套图中的图形为立体图。四个备选答案中只有A选项是立体的，本题选A。

6.

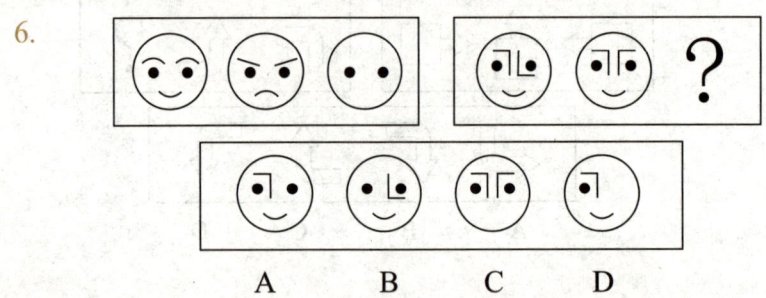

答案：A，通过观察我们可以发现，第三个图形通过保留第一、二图形中重合的部分，舍弃不同的而来。这就是图形推理中典型的求同舍异的推理方式。观察可知A为正确答案。

7.

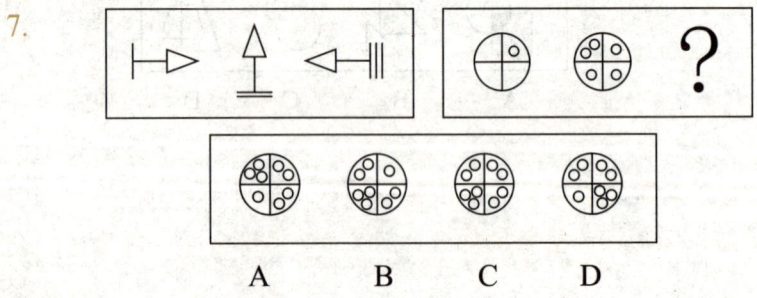

答案：C，第一套图形按逆时针旋转90度，并增加箭头尾部的横线而来；类比可知第二个图形每变化一次内部增加一个小圆圈，并按逆时针旋转90度，因此C项为正确选项。

8. 用24根火柴棒摆成2个正方形，如何挪动其中任意4根火柴，使其形成3个正方形？

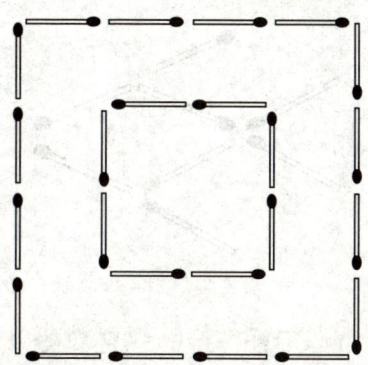

答案：移动处于对角位置的4根火柴棒，得到如下图所示的图形即可。

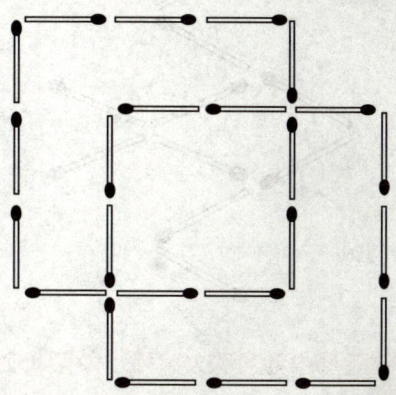

9. 请你平行移动3根火柴棒，让下图小鱼的鱼头朝向右边。

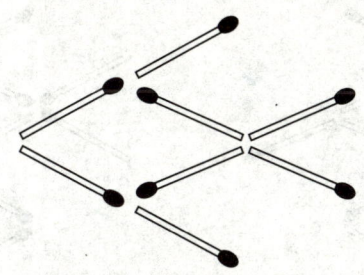

答案：仔细观察图中的火柴方向，我们只需把火柴头朝着右上方的3根火柴平行移动，即可得到答案。

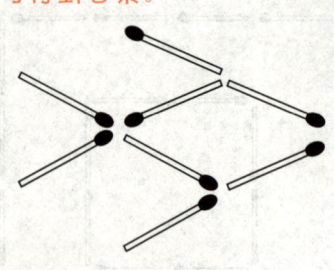

10. 用10根火柴摆成如下图所示的飞鸟状图形，请问如何平行移动3根火柴，使鸟的头部朝右？

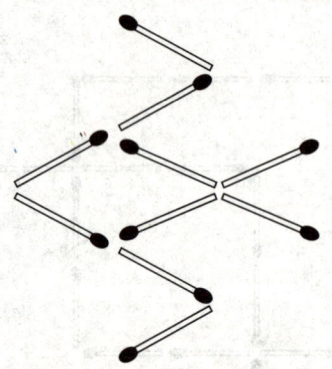

答案：如图，平行移动下图中蓝色的火柴棒，即可让飞鸟掉头。

移动3根蓝色火柴：   得到所需图形：

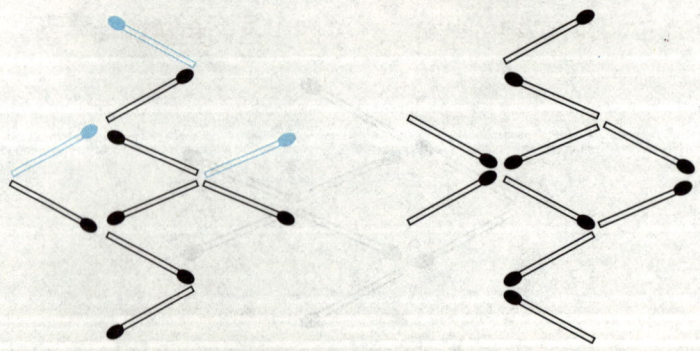

逻辑谜题

爱因斯坦的谜题

　　许多著名的科学家常常喜欢出一些有趣的题目，伟大的物理学家爱因斯坦就出过这样一道题：《土耳其商人和帽子的故事》，就想考一考别人的机敏和逻辑推理能力。

　　题的内容是这样：有一个土耳其商人，想找一个助手协助他经商。但是，他要的这个助手必须十分聪明才行。消息传出的三天后，有甲、乙两人前来应聘。

　　商人为了试一试甲、乙两个人中哪一个聪明一些，就把他们带进一间伸手不见五指的漆黑的房子里。商人打开电灯说："这张桌子上有五顶帽子，两顶是红色的，三顶是黑色的。现在，我把灯关掉，并把帽子摆的位置搞乱，然后，我们三人每人摸一顶帽子戴在头上。当我把灯开亮时，请你们尽快地说出自己头上戴的帽子是什么颜色的。"说完之后，他们就这样做了。

　　待这一切做完之后，商人把电灯重新开亮。这时候，那两个人看到商人头上戴的是一顶红色的帽子。

过了一会儿，甲喊道："我戴的是黑帽子。"甲是如何推理的？

答案

甲是这样推理的：如果我戴的也是红帽子，那么，乙就马上可以猜到自己是戴黑帽子（因为红帽子只有两顶）；而现在乙并没有立刻猜到，可见，我戴的不是红帽子。

可见，乙的反应太慢了。

结果，甲被土耳其商人雇用了。

安徒生的反驳

安徒生是丹麦著名的童话作家。他生活很俭朴，常戴着破旧的帽子在大街上行走。有一次，一个行路人嘲笑他："你脑袋上边的那个玩意儿是什么？能算是帽子吗？"

面对这样的侮辱，安徒生予以巧妙而犀利的回击，你能猜出他是怎么回击的吗？

答案

安徒生回敬道："你帽子下边那玩意儿是什么，能算是脑袋吗？"

机智的纪晓岚

清代才子纪晓岚，有一次陪乾隆皇帝观赏弥勒佛像。乾隆突然问："这弥勒佛为什么看着我笑？"

纪晓岚知道乾隆常常自比文殊菩萨，便张口答道："佛见佛笑。"

皇帝很高兴，却又话锋一转："那弥勒佛为什么看你也笑？"

面对这个极具刁难性的问题，纪晓岚给予了巧妙的回答，你能猜出他是怎么说的吗？

答案

纪晓岚说："佛笑我不能成佛。"

幽默反击

著名诗人海涅是犹太人。一天，一个人想戏弄他一下，说道："我去过一个小岛，那岛上什么都有，只缺犹太人和驴了。"

海涅只平静地说了一句话，那人就灰溜溜地走了。

请问海涅是怎样反击的？

答案

海涅说：如果我和你去了，那就什么都不缺了。

机智应对

一日，财主拿出了一块布料，来到阿凡提的染布店，说："阿凡提，快将我这块布染色。"

阿凡提问他要什么颜色，财主说："我不要白色的，不要黄色的，不要蓝色的，也不要红色的，更不要黑色的……"他把所有的颜色都说了一遍，故意刁难阿凡提。

阿凡提想了一下说："不要紧，到时来取吧！"财主忙问："什么时候？"

请问，阿凡提是怎样回答财主的呢？

答案

阿凡提说："不是星期一，不是星期二……不是星期天。"

林肯的回答

美国前总统林肯少年在校读书时聪慧过人，有一次老师想难住他，问他说："林肯，我想考考你，你愿意考一道难题呢，还是考两道容易的题目？"

"考一道难题吧。"

"好吧，那么你回答，"老师说，"鸡蛋是怎么来的？"

"鸡生的呗。"林肯答道。"鸡又是哪来的呢？"老师想将林肯引入"鸡生蛋，蛋生鸡"这个纠缠不清的问题的陷阱，没想到林肯以一句机智的回答巧妙地避开了。

请问，林肯是怎么回答的？

答案

"老师，这是第二个问题了。"林肯说。

"坚硬"的鸡蛋

爸爸给儿子出了一道题，一山高800米，一人站在山顶上扔出一个鸡蛋，鸡蛋下落800米时完好无损，这是怎么回事？儿子说："那山下是水，或是有海绵。""不，山下是石头。"

读者朋友们，你能想出来是怎么回事吗？

答案

因为人有高度，鸡蛋落地的实际距离是山高加人高，落到800米时还没着地，当然不会摔坏。

潮涨潮落

阿明的老家在海边，他第一次回老家，充满了好奇，特别是对涨潮落潮，简直看得入了迷。他想了一个主意，在渔船的船边上放下一条绳梯，绳梯共有10级，每级相隔30厘米，放下时，正好最后一级接触到水面。

涨潮了，阿明赶紧跑去看绳梯，如果水每小时上升10厘米，两小时后水能没过几级绳梯呢？

答案
还是老样子，因为水涨船高。

相对论

爱因斯坦经常到大学里作关于"相对论"的报告。一天，他的司机对他说："博士，你的演讲我听了30遍了，能不能让我去讲一回呢？"

当应邀到一所无人与他相识的大学去演讲时，爱因斯坦与他的司机互换了装束，司机上台充当爱因斯坦。司机讲得很成功，但在准备离开时，一位教授上前请教了一个复杂的问题。司机当然回答不出来，他灵机一动，说了一句话，最后还是爱因斯坦把问题解决了。

司机是怎么说的？

答案
司机说："你这个问题太简单了，为了证明它有多简单，我叫我的司机给你回答就好了。"

沃尔夫的提问

大音乐家瓦格纳的学生、奥地利作曲家胡戈·沃尔夫，37岁时精神失常，被送进一家精神病院。

"那只钟有毛病吗？"作曲家指着医院餐厅里挂着的一只钟问道。

"它走得很准，没有问题。"服务员回答说。

沃尔夫又问了一个问题，巧妙地证明了自己是"正常"的，不应该进精神病院。你知道他是怎么说的吗？

答案
那么，它来这儿干什么呢？

兔子的年龄

有四只兔子，年龄分别为一岁到四岁。它们中有两只说话了，无论谁说话，如果说的是关于比它大的兔子的话都是假话，说比它小的兔子的话都是真话。

兔子甲说："兔子乙三岁。"兔子丙说："兔子甲不是一岁。"

你能知道这四只兔子分别是几岁吗？

相同的试卷

老师在阅卷时发现两张完全相同的考卷，在考场上作弊肯定是不可能的，这到底是怎么回事？

答案

两张试卷都是满分，或者都是白卷。

压板的两端

在夏天时，在压板的一边放上西瓜，另一边放上冰块，请问，一直这样放着，最后压板会倾向哪边？

> **答案**
>
> 最后压板是平衡的。冰化完了，压板会倾向西瓜，西瓜便会滚下去，压板便会恢复平衡。

空壶取水

假设有一个池塘，里面有无穷多的水。现有两个空水壶，容积分别为5升和6升。问题是如何只用这两个水壶从池塘里取得3升的水。

> **答案**
>
> 1. 先把5升的壶灌满，倒在6升的壶里，这时6升的壶里有5升水。2. 再把5升的壶灌满，用5升的壶把6升的灌满，这时5升的壶里剩4升水。3. 把6升的壶里的水倒掉，再把5升壶里剩余的水倒入6升的壶里，这时6升的壶里有4升水。4. 把5升的壶灌满，倒入6升的壶里，5-2=3。

赚了多少

一个人花8块钱买了一只鸡，9块钱卖掉了，然后他觉得不

划算，花10块钱又买回来了，11块卖给另外一个人。问他赚了多少？

养猫的人

5个人来自不同地方，住不同房子，养不同动物，吸不同牌子香烟，喝不同饮料，喜欢不同食物。根据以下线索确定谁是养猫的人。

1. 红房子在蓝房子的右边，白房子的左边（不一定紧邻）。

2. 黄房子的主人来自香港，而且他的房子不在最左边。

3. 爱吃比萨的人住在爱喝矿泉水的人的隔壁。

4. 来自北京的人爱喝茅台，住在来自上海的人的隔壁。

5. 吸希尔顿香烟的人住在养马人的右边隔壁。

6. 爱喝啤酒的人也爱吃鸡。

7. 绿房子的人养狗。

8. 爱吃面条的人住在养蛇人的隔壁。

9. 来自天津的人的邻居（紧邻）一个爱吃牛肉，另一个来自成都。

10. 养鱼的人住在最右边的房子里。

11. 吸万宝路香烟的人住在吸希尔顿香烟的人和吸"555"香烟的人的中间（紧邻）。

12. 红房子的人爱喝茶。

13. 爱喝葡萄酒的人住在爱吃豆腐的人的右边隔壁。

14. 吸红塔山香烟的人既不住在吸健牌香烟的人的隔壁，也不与来自上海的人相邻。

15. 来自上海的人住在左数第二间房子里。

16. 爱喝矿泉水的人住在最中间的房子里。

17. 爱吃面条的人也爱喝葡萄酒。

18. 吸"555"香烟的人比吸希尔顿香烟的人住得靠右。

答案：根据条件我们可以列出以下表格

1	2	3	4	5
蓝房子	绿房子	黄房子	红房子	白房子
北京人	上海人	香港人	天津人	成都人
茅台酒	葡萄酒	矿泉水	茶	啤酒
豆腐	面条	牛肉	比萨	鸡
健牌	希尔顿牌	万宝路牌	555牌	红塔山牌
马	狗	蛇	猫	鱼

所以天津人养猫。

最大的钻石

一楼到十楼的每层电梯门口都放着一颗钻石，钻石大小不一。你乘坐电梯从一楼到十楼，每层楼电梯门都会打开一次，你每次只能携带一颗钻石，问怎样才能拿到最大的一颗？

答案

先拿下第一楼的钻石，然后在每一楼把手中的钻石与那一楼的钻石相比较，如果那一楼的钻石比手中的钻石大的话那就把手中的钻石换成那一层的钻石。

四人过桥

U2合唱团在17分钟内得赶到演唱会场，途中必须跨过一座桥，四个人从桥的同一端出发，你得帮助他们到达另一端，天色很暗，而他们只有一只手电筒。一次同时最多可以有两人一起过桥，而过桥的时候必须持有手电筒，所以就得有人把手电筒带来带去，来回桥两端。手电筒是不能用丢的方式来传递的。四个人的步行速度各不同，若两人同行则以较慢者的速度为准。Bono需花1分钟过桥，Edge需花2分钟过桥，Adam需花5分钟过桥，Larry需花10分钟过桥。他们如何才能在17分钟内过桥呢？

答案

假设这四个人分别为甲（1分钟）、乙（2分钟）、丙（5分钟）、丁（10分钟）。

第一次去：甲和乙（2分钟）；

第一次回：甲（1分钟）；

第二次去：丙和丁（10分钟）；

第二次回：乙（2分钟）；

第三次去：甲和乙（2分钟）；

总计：17分钟。

天平分盐

有7克、2克砝码各一个，天平一只，如何只用这些物品三次将140克的盐分成50克、90克各一份？

答案

可以用以下3步得到答案：

天平一边放9克砝码，另一边放9克盐。

天平一边放7克砝码和刚才得到的9克盐，另一边放16克盐。

天平一边放第2步得到的16克盐和第1步得到的9克盐，另一边放25克盐。

此时天平两端各有25克盐，合起来就是50克盐，剩余的盐刚好为90克。

假币问题

一天，小红的店里来了一位顾客，挑了25元的货，顾客拿出100元，小红没零钱找不开，就到隔壁小明的店里把这100元换成零钱，回来给顾客找了75元零钱。过一会，小明来找小红，说刚才的是假钱，小红只好给小明换了张真钱。请问小红赔了多少钱？

答案

不要被小明的钱数打乱了你的思路。其实，小明是不赚不赔的，我们只需要找出顾客赚了多少钱就能知道小红赔了多少。

由题目可知，顾客赚了75元的零钱以及25元的货物，所以他赚了100元，小红赔了100元。

开关与灯

屋里三盏灯，屋外三个开关，一个开关仅控制一盏灯，屋外看不到屋里。怎样只进屋一次，就知道哪个开关控制哪盏灯？

答案

　　要知道灯泡在工作一段时间之后会发热，根据这个原理我们可以通过以下方法把开关和电灯匹配出来：先开一盏，足够长时间后关了，开另一盏，进屋看，亮的为后来开的，摸起来热的为先开的，剩下的一盏也就确定了。

猴子分桃

　　有5只猴子在海边发现一堆桃子，决定第二天来平分。第二天清晨，第一只猴子最早来到，但它没办法将桃子等分成五份，就朝海里扔了一只，恰好可以分成5份，随后它拿上自己的一份走了。第2、3、4、5只猴子也遇到了同样的问题，它们采用了同样的方法，都是扔掉一只后，恰好可以分成5份。问这堆桃子至少有多少只？

答案

　　这堆桃子至少有3121个。第一只猴子扔掉1个，拿走624个，余2496个；第二只猴子扔掉1个，拿走499个，余1996个；第三只猴子扔掉1个，拿走399个，余1596个；第四只猴子扔掉1个，拿走319个，余1276个；第五只猴子扔掉1个，拿走255个，余4堆，每堆255个。

小球排序

有四个外表看起来没有分别的小球，它们的重量可能各有不同。取一个天平将甲乙放一组，丙丁为另一组，分别放在天平的两边，天平是基本平衡的。将乙和丁对调一下，丁一边明显地要比乙、丙一边重很多。可奇怪的是我们将天平的一边放上甲、丙，而另一边刚放上乙，还没有来得及放上丁时，天平就压向了乙一边。则四个球由重到轻的顺序是？

答案

题干条件可以整理为：甲＋乙＝丙＋丁，甲＋丁＞乙＋丙，由此可以得到：丁＞乙，甲＞丙，再由甲＋丙＜乙，可知，乙＞甲，即丁＞乙＞甲＞丙。

红色弹球

你有两个罐子，50个红色弹球，50个蓝色弹球，将两种颜色的球全部放入两个罐子中，之后闭上眼睛任意从一个罐子中选出一颗球，怎么给红色弹球最大的选中机会？在你的计划中，得到红球的准确概率是多少？

答案

　　把一个红色弹球装入罐子A中，余下的49个红球、50个蓝球装在另一个罐子B中，此时可以保证得到红球的概率最大。其概率为：

$$50\% \times 100\% + 50\% \times 49\% = 50\% + 24.5\% = 74.5\%$$

　　其中$50\% \times 100\%$是选中了罐子A时拿到红色弹球的概率，$50\% \times 49\%$是选中了罐子B时拿到红色弹球的概率，最终得到的最大概率为74.5%。

有趣的酒桶

　　一位酒商有6桶葡萄酒和啤酒，容量分别为30升、32升、36升、38升、40升、62升。

　　其中五桶装着葡萄酒，一桶装着啤酒。第一位顾客买走了两桶葡萄酒；第二位顾客所买葡萄酒则是第一位顾客的两倍。请问，哪一个桶里装着啤酒？

答案

　　通过把数字带入验证可知：第一个人买的葡萄酒为：30升和36升，共66升；第二个人所买的葡萄酒为：32升、38升和62升，共计132升，恰好为66升的两倍。因此，余下的40升的酒桶中装的便是啤酒。

熊是什么颜色的

一口井深20米，一只熊从井口跌至井底用了2秒钟时间。
请问：这只熊是什么颜色的?

答案

这只熊是白色的。其原因是：地球不是圆的而是椭圆的。根据万有引力，离地球地心越近，地球引力越大。再根据地理知识，地球上哪里离地球地心较近哪里就是两极，也就是说，只有在两极，熊才能在2秒钟的时间里下落20米，在其他的地方是不可能的。而南极没有熊，北极也只有一种熊——北极熊，因此这只熊只能是一只北极熊，当然是白色的。

在电梯里的男人

有个男人住在十楼。每天他会乘电梯下到大堂，然后离开。晚上，他会乘电梯上楼，如果有人在电梯里或者那天下雨，他会直接坐到他的那层。否则，他会坐到第七层，然后他会走三层到他的公寓。你能解释为什么吗?

答案

这个男人是个侏儒。他够不到电梯上层的按钮，但是他可以叫其他人帮他按。他也可以用他的雨伞按。

抛球

你怎样才能把一个球尽量大力地抛出去，然后球又会折回来，甚至它没有碰到任何东西，也没有任何牵制物，也没有人接到再抛回来。

答案

把球往天上抛。

生物学

让我们来看看一些原始的有机体分解，每一分钟都分裂成同原来相同体积的两部分。在12点的时候，容器里是满的，那在什么时候容器是一半满的？

答案

容器在11点59分时是一半满的，下一分钟就是现在的两倍（所以在12时是满的）。

老实人

刚搬来骗子村的老实人显然还不太习惯骗子村的生活方式。因此，他只有在星期一说谎，其他日子说的都是真话。请问：老实人只有在星期二才能说的话是什么？

答案

也许你会猜他说的是："今天是星期二。"但是，这句话他在星期一也可以说。他所能说的话是："今天要不是星期一，就是星期二。"

过桥的小丑

马戏团有个体重60千克的小丑要拿着3个各重10千克的环过桥。不幸的是，桥只能承受80千克的重量。马戏团的团长说如果边走边耍这些环，每时每刻都有一个环在空中，那么他就能顺利过桥。

小丑如果照着团长的话去做，桥能支撑得住他们的重量吗？

答案

桥撑不住小丑，牛顿第三运动定律指出，任何物理施力时也是受力物体；小丑把环扔到空中时对环施加了一个力，这个力比环的重力大。这个力，加上小丑和剩下两个环的重量将把桥压垮。

空汽水瓶

5个空瓶可以换1瓶汽水，某班同学喝了161瓶汽水，其中有一些是用喝剩下来的空瓶换的，那么他们至少要买汽水多少瓶？

答案

我们可以从问题的反面来考虑：先买161瓶汽水，喝完以后用这161个空瓶还可以换回32瓶（161÷5=32余1）汽水，然后再把这32瓶汽水退掉，这样一算，就发现实际上只需要买161-32=129瓶汽水。可以检验一下：先买129瓶，喝完后用其中125个空瓶（还剩4个空瓶）去换25瓶汽水，喝完后用25个空瓶可以换5瓶汽水，再喝完后用5个空瓶去换1瓶汽水，最后用这个空瓶和最开始剩下的4个空瓶去再换一瓶汽水，这样总共喝了：129+25+5+1+1=161瓶汽水。因此至少要买129瓶汽水。

最远距离

有一辆自行车，前轮和后轮都是新的，并且可以互换，轮胎在前轮位置可以行驶5000千米，在后轮位置可以行驶3000千米，问使用两个新轮胎，这辆自行车最多可以行多远？

答案

我们考虑在中途某个时刻将车轮调换，则非常麻烦。如果将这个问题转化成工程问题：把一个车轮的使用寿命看做单位"1"，则每行1千米，前轮被使用了1/5000，后轮被使用了1/3000。

随后，用两个轮子的寿命除以2个轮子每千米消耗的"寿命"可得：

2÷（1/5000+1/3000）=3750（千米），很容易就求出使用这两个轮子最多可以行3750千米，就不用考虑何时调换轮子这个恼人的问题。

1的次数

在一本300页的书中，数字"1"在书中出现了多少次？

答案

解题时不妨从个位、十位、百位分别来看。

从个位来看0～100、101～200、201～300分别有10个"1"，共有30个"1"；

同理可得十位数上的"1"的个数为30个；

百位数上的"1"的个数为100；

因此"1"的总数为：30+30+100=160个。

被整除的数

在1至1000这1000个自然数中，能被5或11整除的自然数一共有多少个？

答案

根据题目要求这样的自然数的个数即为：能被5整除的数目，加上能被11整除的数目，再减去能被55整除的数目。

能被5整除的自然数有多少个？

1000÷5=200，有200个。

能被11整除的自然数有多少个？

1000÷11=90余10，有90个。

既能被5整除又能被11整除的自然数有多少个？

1000÷55=18余10，有18个。

所以能被5或11整除的自然数的个数是：

200+90-18=272个。

第206个数

用1，2，3，4，5这五个数字组成没有重复数字的自然数，从小到大顺序排列：1，2，3，4，5，12，……，54321。其中，第206个数是？

答案

用1，2，3，4，5能组成单位数5个；

能组成两位数5×4=20个；

能组成三位数5×4×3=60个；

能组成四位数5×4×3×2=120个；

此时共有：5+20+60+120=205个。

那么第206个数必为1，2，3，4，5这五个数能组成的一个最小的五位数，也就是12345。

推理火柴

两个人轮流从一堆火柴中移走1、2、3、4、5、6或7根，直至移完为止，谁移去最后一根火柴就算输了。如果有1000根火柴，首先移动的人在第一次移去几根才能在整个游戏中保证获胜？

答案

因为1000是8的倍数，又1+7=2+6=3+5=4+4=8，所以第一人在第一次移去7根就能获胜。这是因为第一次移去7根后，所余的993根等于8×124+1。所以每次移去时，若是第二人每移去a根，则第一人随之移去（8-a)根。这样，轮到124次时恰余1根，第二人只好移去这最后一根。

魔鬼、人和天使

魔鬼说的都是假话，而人有时说假话，有时说真话，但天使总是说真话。现在甲说："我不是天使"，乙说："我不是人"，而丙则说："我不是魔鬼"。你能判断出他们的身份吗？

答案

甲是人，乙是天使，丙是魔鬼。

有几个天使

一个旅行者遇到3个美女。她不知道哪个是天使，哪个是魔鬼。天使常常说真话，魔鬼只说假话。

甲说："在乙和丙之间，至少有一个天使。"

乙说："在丙和甲之间，至少有一个是魔鬼。"

丙说："我告诉你正确的消息吧。"你能判断出有几个天使吗？

答案

至少有2个天使。假设甲是魔鬼的话，由此可推断他们几个都是魔鬼，那么，乙是魔鬼的同时又说了真话，存在矛盾。所以甲是天使。假设乙是天使的话，从她的话来看，甲就成了魔鬼。相反，假设乙是魔鬼的话，从她的话来看，丙就是天使了。无论怎样，都会有2个天使。

网球比赛

体育馆里正在进行一场精彩的室内网球双打赛。王自强、安卫国、钟华夏、赵兴邦这4位大家熟悉的运动员正准备上场，观众相互议论：

1.王自强比安卫国年轻。

2.钟华夏比他的两个对手年龄都大。

3.王自强比他的搭档年纪大。

4.安卫国和王自强的年龄差距要比钟华夏和赵兴邦的差距更大一些。

请问：4位运动员的年龄顺序为何，谁和谁搭档？

答案

（1）由提示1及提示3，可知：

王自强和安卫国不是搭档的关系；

王自强的搭档或是钟华夏或是赵兴邦；

王自强的搭档年纪比安卫国小。

（2）假设王自强的搭档是钟华夏，则根据提示2可知：钟华夏的年纪比安卫国大。但这和3相矛盾，所以这假设不成立，因此，王自强的搭档是赵兴邦，安卫国的搭档是钟华夏。

（3）既然知道了搭档关系，便可以进一步推知他们的年龄大小。

由提示3可知王自强的年纪比赵兴邦大；由提示1可知安卫国的年纪比王自强大；由提示2及上述的推断可知，钟华夏的年纪比王自强和赵兴邦都大。

汽车比赛

有五个人进行汽车竞速赛，他们没有比成平局，是先后到达

的。威尔不是第一个，约翰不是第一也不是最后一个，琼在威尔后面到达，詹姆不是第二个，瓦尔特在詹姆后到达，五个人到达的顺序怎样？

> **答案**
> 詹姆第一，往后依次是：瓦尔特，约翰，威尔，琼。

超车的原因

一位年轻司机带着新婚妻子开着新买的越野车，沿湖滨公路游览，他的妻子十分得意。她突然从镜子里看到后面有一辆老掉牙的老爷车，开得很慢，心中不免又自喜一阵儿。

湖边的路很窄，又是单行线，新婚妻子觉得没趣，一会儿就睡着了，等她醒来，简直不相信自己的眼睛，老爷车慢腾腾地开在自己的车前面，它是怎样超过去的？

> **答案**
> 越野车已经沿湖绕了一圈，所以到了老爷车的后面。

妙语解忧

一位画家去采访门采尔，向他请教："我真不明白，为什么我画一幅画只消一天工夫，可卖掉它却要等上整整一年？"

门采尔听了，认真地说了一句话，让这位画家顿时领悟了原因所在。你知道门采尔是如何教育这个画家的吗？

> **答案**
>
> 门采尔说："那就请你倒过来试试吧。"

蚂蚁搬兵

一只蚂蚁发现一条虫子死了，立刻回窝唤来10个伙伴，可还是挪不动。这些蚂蚁全部回窝又各自召唤了10个伙伴，依然如此。这些蚂蚁们又全部回窝各自招来10个援兵，终于把虫子拉到了家。请问一共有多少只蚂蚁？

> **答案**
>
> 第一次的蚂蚁数目：1+10=11（只）；
>
> 第二次的蚂蚁数目：11+11×10=121（只）；
>
> 第三次的蚂蚁数目：121+121×10=1331（只）。
>
> 因此一共有1331只蚂蚁参加了搬运。

绳子离地面的高度

　　假设地球是一个正球形，它的赤道长是4万千米。现用一根比赤道长10米的绳子围绕赤道一周，假设在各处绳子离地面的距离都是相同的，请问绳子距离地面的高度够你从下面走过吗？

答案

令赤道的半径为x，比它长10米的绳子的半径为y。则y-x就是绳子距离地面的高度。

由题意可知$2\pi(y-x)=10$（米）；

解得$y-x=1.59$（米）

因此，绳子距离地面的高度为1.59米，足够一个人低下头走过去。

三种牌

　　桌上放着红桃、黑桃和梅花三种牌，共20张。

　　甲说：桌上至少有一种花色的牌少于6张。

　　乙说：桌上至少有一种花色的牌多于6张。

　　丙说：桌上任意两种牌的总数将不超过19张。

　　那么，你认为他们三人谁说得正确呢？

答案

　　首先看丙的话，由于有三种牌共20张，如果其中有两种总数超过了19，也就是达到了20张，那么另外一种牌就不存在了，这是与题干相矛盾的，由此可见丙的说法正确；同理乙的话也正确；甲的论述不正确，可以举例来说明，假设三种牌的张数分别是：6、6、8，就推翻了甲的假设，所以甲不正确。因此，乙、丙的话正确。

盒子与水果

　　在桌子上放着四个盒子。每个盒子上都有一张纸条，分别写着一句话。

　　A盒子上写着：所有的盒子里都有水果；

　　B盒子上写着：本盒子里有香蕉；

　　C盒子上写着：本盒子里没有梨；

　　D盒子上写着：有些盒子里没有水果。

　　如果这里只有一句话是真的，你能断定C盒子里能拿出水果来吗？

答案

　　由题意可知A和D是互相矛盾的，其中必有一句是真的。因此B、C都是假话。

　　所以C盒子中放的是梨，可以从中拿出梨来。

井里的鸟

如果一只鸟掉在枯井里，它能飞出来吗？

答案

不能。因为鸟的飞行原理与一般飞机相同，必须有"机场"。它不能像直升机那样垂直起降，所以只能"坐井观天"了。

巧渡大河

一队士兵来到河边要过河去，河上没桥，水又很深，只有找船了。找了很久，看见两个孩子在一只小船上玩儿，船小得像只洗衣盆，大人只能坐进一人，于是这队士兵就靠这只小船全部渡到对岸，你想想他们是怎么过去的呢？

再说一遍，一次只能坐两个孩子或者一个士兵！

答案

两个孩子先过河，留一个在对岸，另一个划船回来，把船交给一个士兵，士兵自己划船过河，让留在对岸的孩子把船划回去，如此完成一个程序。

然后还是两个孩子过河，重复第一步的过程，直到士兵全部过去。

爱撒谎的一家人

有一家人特别爱撒谎。这天中午吃饭，爷爷先在圆形的餐桌前坐了下来，问其他四个人要怎么坐。没想到他们连这个也要说谎。

妈妈："我坐女儿旁边。"

爸爸："我坐儿子旁边。"

女儿："妈妈是在弟弟的左边。"

儿子："那我右边是妈妈或姐姐。"

请问：他们一家人到底是怎么坐的？

答案

他们是这样坐的：从爷爷的右边开始，依次坐着儿子、女儿、爸爸、妈妈，他们五人又围成一个圆圈，大家可以画一个示意图看看。

打猎

有五个猎人经常一起去打猎。有一天他们一起去杀狼。在晚上整理猎物的时候，发现A与B共杀了14头狼，B与C共杀了20头狼，C与D共杀了20头狼，D与E共杀了12头狼。而且，A和E杀狼的数量一样多。然后，C把他的狼和B、D的狼放在一起平分为三份，各取其一。然后，其他的人也这么做。D同C、E联合，E同D、A联合，A同E、B联合，B同A、C联合。这样分下来，每个人获得的狼的个数一样多，并且在分的过程中，没有出现把狼分割成块的现象。那么，你能算出每个人各打了多少头狼吗？

答案

我们可以通过列方程的办法来求解，很容易得到结论。通过运算可以知道A、B、C、D、E打到的狼的数目分别为：8、6、14、4、8（头）。

预 言 家

阿尔法、贝塔、伽玛和欧米伽四位欧洲少女正在接受训练，以便将来能当上预言家。实际上，她们之中只有一个后来当了预言家，并在特尔斐城谋得一个职位；其余三个人，一个当了职业舞蹈家，一个当了宫廷侍女，另一个当了竖琴演奏家。

一天，她们四个人在练习讲预言。

阿尔法预言："贝塔无论如何也成不了职业舞蹈家。"

贝塔预言："伽玛终将成为特尔斐城的预言家。"

伽玛预言："欧米伽不会成为竖琴演奏家。"

而欧米伽预言她自己将嫁给一个叫阿特克赛克斯的男人。

可是，事实上她们四个人当中，只有一个人的预言是正确的，而正是这个人后来当上了特尔斐城的预言家。她们四个人各自当了什么？欧米伽和阿特克赛克斯结婚了吗？

答案

不妨先假设贝塔的预言是正确的，那么伽玛将成为特尔斐城的预言家。这样，伽玛的预言也是正确的，结果就出现了两个预言家，与题设的条件不符。因此，贝塔的预言是错误的。

因为贝塔错误，所以伽玛也没有当时特尔斐城的预言家。伽玛的预言也是错的，因此，欧米伽日后将成为竖琴演奏家，而不是预言家。

因此预言家只能是阿尔法，又因为欧米伽的预言是错的，所以后来她没有同名叫阿特克赛克斯的男人结婚。

打赌

甲、乙和丙三兄弟用零花钱打了几次赌。

①开始，甲从乙那里赢得了相等于甲手头原有的钱数。

②接着，乙从丙那里赢得了相等于乙手头剩下的钱数。

③最后，丙从甲那里赢得了相等于丙手头剩下的钱数。

④结果，他们三人手头所拥有的钱数相同。

⑤我在开始时有50元。

请问：说这番话的是甲、乙、丙中的哪一个?在开始打赌前，他们各自有多少零花钱?

答案

是乙说的这番话，在打赌开始前，甲有30元，乙有50元，丙有40元。

小郭与猴子

一张圆桌子上面有一只猴子。小郭同它面对面站着。小郭想转到它背后，于是就绕着圆桌走；可是不管走到哪里，猴子总是面对着他。

请问：小郭绕着圆桌走时，有没有绕着猴子走?

答案

没有。因为小郭始终没有见到猴子的背面，也就谈不上"绕着猴子走"了。

木匠修庙

我国古代有个木匠跟建筑师鲁班学艺，到南山密林中去修筑香岩寺。

一天，木匠陪鲁班在山上散步，走到一棵古柏和一块怪石跟前，鲁班说："这古树怪石，真是少见！"

木匠说："若在石上建座庙，就更好了。"鲁班看了看木匠说："好！你就试着在这儿修建一百一十一座庙吧！"

鲁班这么一说，木匠愣住了，心想：这虽是一块巨大的怪石，但哪里能容得下这么多庙啊？

一连两天，木匠都想不出如何建造，愁得他茶饭不思。一天早饭后，木匠又坐在古柏下，看着那巨大的怪石发愁。忽然，他眼睛一亮，高兴地说道："师父说的一百一十一座庙可以建造啦！"

木匠把自己的想法告诉鲁班后，鲁班夸他聪明，肯动脑筋。请问，木匠是怎样想的呢？

> **答案**
>
> 鲁班说的"一百一十一座庙"其实用的是谐音，意思是："一柏，一石，一座庙。"

过独木桥

嘟嘟跟着挑着箩筐的哥哥过独木桥，走到桥中间的时候，迎面走来一个小男孩噜噜。嘟嘟和噜噜谁也不肯让谁，嘟嘟的哥哥怎么劝说也不行，于是他急中生智，想出了一个办法，使他们各自过去了。你知道应该怎么做吗？

答案

　　嘟嘟的哥哥把两个小孩放进两边的箩筐里，转了一个身，两个小孩就互相调换了位置，各自过桥了。

数字推理

根据前面的数字，选出括号中应填的数。

1，2，5，10，17，（　　）

A. 26　　　　　B. 25　　　　　C. 23　　　　　D. 28

答案

　　A，该数列前项减去后项可得到等差数列：1，3，5，7，9，因此最后一项应该为17+9=26。

2，8，32，128，（　　）

A. 226　　　　B. 448

C. 512　　　　D. 626

答案

　　C，该列数字构成公比为4的等比数列，即后一项除以前一项均得到4，由此可知最后一项为128×4=512。

0.5，0.5，1，1.5，（　），4

A. 2　　　　　B. 2.5　　　　　C. 3　　　　　D. 3.5

答案

B，通过观察可知第三项数字为第一、二项数字之和，第四项为第二、三项数字之和，由此推论空格处应为：1+1.5=2.5，代入后项可知1.5+2.5=4亦符合题意。

2，3，4，9，8，27，16，81，（　），（　）

A. 42，243　　　　　B. 32，248

C. 30，148　　　　　D. 32，243

答案

D，这道题考验你的观察能力，它是由两个数列杂合而成的，仔细观察可以发现奇数项为：2，4，8，16，（　）；偶数项为：3，9，27，81，（　）；因此两个空格分别为：16×2=32、81×3=243。

256，269，286，302，（　）

A. 254　　　　　B. 307

C. 294　　　　　D. 316

答案

B，这道题依然是考察你的观察能力，将后项与前项做差可以得到：13，17，16似乎没有规律可言，但仔细观察会进一步发现：2+5+6=13，256+13=269；2+6+9=17，269+17=286；2+8+6=16，286+16=302，那么第四项就为：302+3+2=307。

3，1，4，12，9，3，17，5，（　　）

A. 12　　　　　　　　　　　B. 13

C. 14　　　　　　　　　　　D. 15

答案

A，本题初看较难，亦乱，但仔细分析，便不难发现，这是一道三个数字为一组的题，在每组数字中，第一个数字是后两个数字之和，即4=3+1，12=9+3，那么依此规律，括号内的数字就是17-5=12。

6，7，8，13，15，21，（　　），36

A. 27　　　　　　　　　　　B. 28

C. 31　　　　　　　　　　　D. 35

答案

B，本数列为和数列的变式，通过观察可以发现第一、二项的和为第四项，第二、三项的和为第五项，由此类推第七项应当为第五、六项的和，即13+15=28。

11，12，12，18，13，28，（　　），42，15，（　　）

A. 15，55　　　　　　　　　B. 14，60

C. 14，55　　　　　　　　　D. 15，60

答案

B，本题为间隔组合数列，即奇数项和偶数项各构成一个数列，通过观察可知奇数项为自然数列，前一个空应该为14；偶数项为12，18，28，42，（　　），为二级等差数列，即通过做差得到一个公差为4的新数列：6，10，14，18，故空格处为42+18=60。

2，5/3，3/2，7/5，（　　）

A. 5/7　　　　　　B. 1　　　　　　C. 3/5　　　　　　D. 4/3

答案

D，依然考察你的观察能力和对数字的敏感度，通过变式可将本数列转变为：4/2，5/3，6/4，7/5，（　　），因此最后一项为8/6，即4/3。

2，5，11，56，（　　）

A. 126　　　　　　B. 617

C. 112　　　　　　D. 92

答案

B，数列由前两项相乘加1得到第三项。

6，11，27，66，146，（　　）

A. 198　　　　　　B. 227

C. 258　　　　　D. 291

答案

　　D，本题较难，数列关系隐藏较深。将各项减2得到新数列：4，9，25，64，144，对数字敏感的朋友应该会发现数列变成了2，3，5，8，12的平方，故第四项应当为17的平方再加02，17×17+2=291。

　　2，1，7，23，83，（　）
　　A. 290　　　　　B. 292
　　C. 294　　　　　D. 295

答案

　　D，考察对数字的敏感性，7=2×2+1×3；23=1×2+7×3；83=7×2+23×3；（　）=23×2+83×3=295。

　　5，12，31，68，（　）
　　A. 106　　　　　B. 139
　　C. 129　　　　　D. 136

答案

　　C，本题需要有较强的变式转化能力，该数列的前四项分别为：1+4，8+4，27+4，64+4；而1，8，27，64分别为1，2，3，4的立方，故（　）=5×5×5+4=129。

5, 24, 6, 20, 4, （　　）, 40, 3

A. 28　　　　　　　　B. 30

C. 36　　　　　　　　D. 42

答案

观察可知，5×24=120；6×20=120；40×3=120。

因此，相邻而不重复的两项之间的乘积均为120，因此空格处的数字就为：120÷4=30，选B。

4, 7, 9, 4, 25, （　　）

A. 478　　　　　　　　B. 441

C. 386　　　　　　　　C. 364

答案

观察可知原数列的后三项均为一个自然数的平方，以此为切入口可以知道：

9为7和4的差的平方；

4为0和7的差的平方；

25为9和4的差的平方；

因此，空格处为25和4的差的平方，21的平方为441。答案为B。

3, 4, 6, 2, −15, （　　）

A. –52　　　　　　B. –45

C. –36　　　　　　D. –24

答案

本数列为一个三级等差数列，将原数列后一项减去前一项可以得到：

1，2，-4，-17，（-37）

继续做差可得：

1，-6，-13，（-20）

继续做差可得：

-7，-7，-7

因此空格处的数字即为：-15-37=-52，选择A。

2，17，69，139，140，（　　）

A. 71　　　　　　B. 141

C. 210　　　　　　D. 279

答案

通过观察我们可以发现以下对应规律：

2×8+1=17；

17×4+1=69；

69×2+1=139；

139×1+1=140；

因此，括号内的数字为：140×0.5+1=71，答案为A。

129，107，73，17，−73，（　　）

A. −55　　　　　　　　　B. 89

C. −219　　　　　　　　D. −81

答案

前一项减去后一项可以得到如下数列：

22，34，56，90…

观察可知 22+34=56；34+56=90。

因此，括号内的数字为：-73-（56+90）=-219，答案为C。

11，14，19，116，（　　）

A. 132　　　　　　　　　B. 128

C. 125　　　　　　　　　D. 124

答案

我们可以把原数列看为首位为"1"，之后的位数上放自然数的平方数的一列数列，即：

第一项为：1（1的平方）即11；

第二项为：1（2的平方）即14；

第三项为：1（3的平方）即19；

第四项为：1（4的平方）即116；

因此第五项为：1（5的平方）即125，所以答案为C。

非常
思维测试

请你在16分钟内回答出以下17道问题，其中1～14题每题5分，15～17题每题10分，共100分。

1 王林的妻子生下一个可爱的小宝宝，医生检查后说婴儿一切正常，但婴儿却只有一只左耳，为什么？

（时间：30秒）

2 河边一棵树，树底下一匹马，它被主人用三米长的绳子拴住了。一会儿，主人拿着饲料来了，他把饲料放在离树四米远的地方，坐在一边抽烟去了。可是，没多会儿，马就把饲料吃完了。当然绳子很结实，没有断，也没有人解开它。你说，这马是怎么吃到饲料的？

（时间：30秒）

3 你用左手写字还是用右手写字?

（时间：30秒）

4 桌上放着一只盛满咖啡的杯子，小李解手表时不小心把手表掉进去了，小李的手表是不防水的，还好，拿出来时手表上一点没沾水，这是什么道理呢?

（时间：30秒）

5 汤姆是黑人，他的妻子是白人，他们刚出生的孩子的牙会是什么颜色?

（时间：30秒）

6 一天晚上，老王和儿子在书房看书，突然断电了，儿子忙着去找蜡烛，可这时老王仍然津津有味地读着书，他难道有"特异功能"吗?

（时间：30秒）

7 两人抬着一个煤气罐上楼，后边的那人是前边那人的儿子，但前边的那人却不是后边那人的父亲，这二人是什么关系?

（时间：30秒）

8 车祸发生不久，一批警察和救护人员就赶到了现场，他们发现

司机没有受伤，翻覆的车子内外血迹斑斑，却没有见到死者和伤者。为什么？

（时间：30秒）

9 在一个偏僻山村里住着一位身高2米的农民，他这辈子从未离开过山村。一天，他对一位高个子外乡人说："这是我有生以来头一次见到比我高的人。"那位外乡人听了后说："不，绝对不可能。"请问高个子先生为什么会如此肯定地说不可能呢？

（时间：30秒）

10 电灯开关，拉一次，灯亮，再拉一次，灯灭，你能否做到连拉两次使灯不亮？

（时间：30秒）

11 哪一个月有二十八天？

（时间：30秒）

12 为什么青蛙跳得比树高？

（时间：30秒）

13 80厘米长的红螃蟹和30厘米长的黑螃蟹比赛跑步，谁会赢？

（时间：30秒）

14 有一个东西, 你能用左手拿, 不能用右手拿, 这东西是什么?

（时间: 30秒）

15 体育课上, 体育老师打算玩一种游戏, 他让体育班长将班上的 24个人排成6列, 每5个人为一列, 体育委员不知该怎么排, 请你帮他一下?

（时间: 30秒）

16 从前有个国王, 他有一位美丽的女儿准备招驸马, 有甲、乙两位王子前来求亲。国王召见了他们, 对他们说: "你们赛马跑到沙漠里的绿洲去吧。谁的马胜了, 我就把女儿嫁给他。但这次不是比快, 而是比慢, 我到绿洲去等你们, 看谁的马到得迟。" 两个王子照着国王的话, 骑着各自的马开始慢吞吞地赛马了。可是在沙漠里慢吞吞地走怎么受得了啊! 正当两人痛苦难当地下马休息时, 甲王子突然想到了一个好办法, 等乙王子醒悟过来后已经来不及了, 甲王子最终赢得了这场比赛。请问他想到的是什么办法?

（时间: 30秒）

17 请用6根相同的火柴摆出4个相同的等边三角形来。

（时间: 30秒）

答案：

1. 假如左边有两只耳朵那才不正常呢。

2. 绳子没有拴在树上。

3. 我用笔写字。

4. 杯子里装的都是咖啡粉，还没有加水冲泡呢。

5. 莫非你猜的是白色？其实刚出生的婴儿是没有牙齿的。

6. 老王是盲人，他是用"手"看书。

7. 他们是母子关系。

8. 车中运的是血浆。

9. 难道他出生的时候就这么高吗？

10. 可以在停电时或把电闸关掉时再拉。

11. 其实每一个月都有二十八天。

12. 树不会跳，自然没有青蛙跳得高。

13. 黑螃蟹，因为红螃蟹是被煮熟了的。

14. 你的右手。

15. 排成一个正六边形，正六边形有6个顶点，这样每条边都有5个人，而总人数只有24人。

16. 国王比的是谁的马后到，于是甲王子骑上了乙的马，向绿洲疾驰而去。

17. 将火柴拼成一个正四面体即可。

你的分数是： _____

0 ~ 50分：在日常生活中，当你面临问题时，你通常采用旧有的方法去解决，旧有的方法难以解决问题时，你的思维往往会走进"死胡同"。

50 ~ 70分：你会尝试着去突破自己思维的障碍，但并不是每次都能获得成功，但是只要坚持，你也会逐步看到事物更加隐秘的一面。

70 ~ 85分：你已具有一定的非常规思维能力。对生活中常见的问题你按照已掌握的方法去做，当已有的方法不能解决时，你能够从其他角度进行深入的思考。

85 ~ 100分：你的思维能力是极为优秀的。即使是生活中常见的现象，你也总爱从其他角度对它进行思考，在你的思维信念中，"与别人不同"是永恒存在的。

图书在版编目（ＣＩＰ）数据

玩的就是智慧 / 曹外香主编.—天津：天津科学技术

出版社，2012.3（2019.6重印）

ISBN 978-7-5308-6884-3

Ⅰ.①玩… Ⅱ.①曹… Ⅲ.①智力游戏-青年读物②智力游戏-

少年读物 Ⅳ.①G898.2

中国版本图书馆CIP数据核字（2012）第046111号

玩的就是智慧
WAN DE JIUSHI ZHIHUI

责任编辑：郑　新

出　　版：**天津出版传媒集团**
　　　　　　天津科学技术出版社
地　　址：天津市西康路35号
邮　　编：300051
电　　话：（022）23332674
网　　址：www.tjkjcbs.com.cn
发　　行：新华书店经销
印　　刷：三河市燕春印务有限公司

开本 700×1000mm 1/16　　印张 9　　字数 150 000
2019 年 6 月第 1 版第 3 次印刷
定价:29.80 元